ビ　　　歴史

ジャン=クロード・シェネ著
根津由喜夫訳

Que sais-je?

白水社

目次

序文

その歴史が優に千年を越えるビザンツ帝国は、十八世紀にエドワード・ギボンがその帝国に投じた視線よりも好意的なそれを今日では享受している。ギボンは、この帝国の一一〇〇年間に、ローマ帝国の際限のない退廃、殺人と無秩序の連続、キリスト教による蒙昧化策によって歪められた古典思想しか見ていなかった。状況は一変した。というのも、二十世紀において、東方のローマ帝国に関する研究は、宗教的慣行や建築学的な伝統を通じていまなおビザンツ文明の影響が直接的に感知されているバルカン諸国からロシアに至る国々だけでなく、西欧諸国やアメリカ合衆国、アジアやオーストラリアにおいても、目覚ましい発展を遂げたことが知られているからである。ビザンツ帝国の旧版図に含まれる国々においては、我々の知識は考古学によっても増進されている。多くの発掘調査や遺跡の活用によって旅行者を引き寄せることが可能になり、国民の歴史のなかにビザンツ史を定着させることになった。まさしくトルコにおけるケースがそれである。同地では発掘調査数が増加している。そのなかには、イスタンブールの地下鉄工事の際に出土したコンスタンティノープルの古代港の現場において、数十隻ものビザンツ時代の艦船が発見される、といった目覚ましい成果を収めているものもある。ビザンツの現在的意義は、それに献げられたインターネット・サイトの増加ぶりや、ここ近年にワシントン、ロンドン、パリ、トリーア、ボン、アテネ、イスタンブール等で開催されたビザンツを主題とする展覧会の盛況ぶりにも現れている。

　参考資料や新しい研究が大量に出回ったことで、文庫「クセジュ」のビザンツ史が、帝国の政治、社会、経済の歴史に献げられた本書と、その文明に目を向けたB・フリューザンによるもう一冊の書[1]に分割されていることが正当化されるだろう。この種の切り分けは、不都合な面もある。というのも、思想的な潮流や、それらの政治的、経済的背景を示す文献史料を分割することはできないからである。したがって、幾つかのポイント、とりわけキリスト教の発展や教会制度に関しては交差している箇所がある。

　いつからビザンツの歴史はスタートするのか、という問いかけは新しいものではない。コンスタンティヌス、あるいはヘラクレイオス、それともイサウリア朝諸帝からだろうか。しかしながら、コンスタンティヌスと初期ビザンツ時代を無視するのは難しいように思われる。それは、帝国にその根本的な特徴の幾つかを与え、ローマに樹立されたアウグストゥスの元首政が、この時期に、ボスフォラス海峡の岸辺を座所とするキリスト教の神権君主政体へと変貌を遂げているからである。そうした局面の大部分は、B・ランソンの二冊の文庫「クセジュ」、一方はコンスタンティヌス、他方は古代末期に関するそれや、ユスティニアヌスに関するP・マラヴァルの三冊目の書によってすでに論じられている。[*]初期ビザンツ時代の事実関係の歴史がここでは扱われず、キリスト教帝国機構が確立されたことだけが言及されているのは、そうした理由からなのである。

原注

（1）B. Flusin, *La Civilisation byzantine*, Paris, Puf, «Que sais-je ?», 2023 (5e éd.).〔ベルナール・フリューザン『ビザンツ文明——キリスト教ローマ帝国の伝統と変容』大月康弘訳、白水社文庫クセジュ、二〇〇九年（原書二〇〇六年版からの邦訳）〕

訳注

＊　順にLançon B, *Constantin (306-337)*, Paris, Puf, «Que sais-je ?», 1998.〔ベルトラン・ランソン『コンスタンティヌス——その生涯と治世』大清水裕訳、白水社文庫クセジュ、二〇一二年〕, Lançon B, *L'Antiquité Tardive*, Paris, Puf, «Que sais-je ?», 1997.〔ベルトラン・ランソン『古代末期——ローマ世界の変容』大清水裕、瀧本みわ訳、白水社文庫クセジュ、二〇一三年〕, Maraval P, *L'empereur Justinien*, Paris, Puf, «Que sais-je ?», 2000.〔ピエール・マラヴァル『皇帝ユスティニアヌス』大月康弘訳、白水社文庫クセジュ、二〇〇五年〕を指す。

第一章　東方のローマ帝国の誕生

コンスタンティヌスが自らの名前を授けて創建した都市の落成式典が挙行された三三〇年五月十一日は、我々はビザンツと呼んでいるが、歴代皇帝やその臣民は常にローマと認識していた、未来の帝国の誕生を画している。本来のビザンツ帝国がいつ生まれたのかという言い争いを再開するのは無益なことであろう。ビザンツ人自身にとって、コンスタンティヌス大帝は、中世において参照されるべき皇帝である。それは極めて分かりやすいことである。彼は、自分の息子かつ後継者たちに、統一され、異論の余地のない君主に治められた帝国、そして集権化された行政機構を備えた固定された首都を遺し、キリスト教に好意的な宗教政策を開始して皇帝と教会の関係の基礎を築いた。あらゆる皇帝が「新しいコンスタンティヌス」なのである。ミカエル八世は、こうした主張を彼の称号自体にすら配することになる。帝位簒奪に成功した者の多くが、後継者となる自分の息子の名をコンスタンティノスと改めさせている。

I　帝国とその君主

1　帝国の統一性

ディオクレティアヌスが軍事的危機を克服するために実施した四分統治体制は、常時脅かされていた国境地帯のそれぞれに一人の皇帝が存在することが求められるものであり、持続性に欠けるとコンスタンティヌスは考え、独裁権力体制に復帰することにこだわった。三〇六年、彼はヨークにおいて、彼の父親で四分統治帝の一人であるコンスタンティウス・クロルス麾下の軍団兵によってアウグストゥスと宣言されたのち、三一二年にミルヴィウス橋の戦いにおいて西方におけるライバルであり、数の上では彼を上回る軍勢を率いていたマクセンティウスを破り、ローマを奪取することになる。決戦の前夜、コンスタンティヌスは、夢のなか、あるいは幻視によって——証言はさまざまだ——天空にひとつの表徴を認め、それによって彼は勝利したのである。その表徴は、（XとPの文字を組み合わせた）クリスマであったようであり、それはそののち、キリスト教徒の軍隊の徽章になる。このとき以来、コンスタンティヌスは、彼にこうした天啓による勝利をもたらしたキリストの信奉者になったという。十年に及ぶリキニウスとの分割統治ののち、三二四年のクリュソポリスの勝利によって彼は帝国の統一を達成した。皇帝権力《インペリウム》の一体性は、単独支配に傾くのが自然な趨勢であったにせよ、皇帝が複数存在することと相容れないわけではなかった。三九五年以降、東西両帝国の皇帝は共通の法体系を維持している。四七六年における西方の帝国の終焉は、コンスタンティノープルに皇帝の徽章が返送されたことと、蛮族の王たちはコンスタンティノープルに所在する唯一の皇帝の権威を承認しており、彼らの権力はそのことからそれと同等の性質のものではなかった、という虚構によって表わされただけだった。中世において、自らの大権を完全に行使する皇帝は共同皇帝と区別されるためにアウトクラトールと称された。そうした共同皇帝は往々にして皇帝の息子であり、父帝は予防措置として自分の存命中に彼らを戴冠させたのである。

2　皇帝の聖なる職務

コンスタンティヌスと、テオドシウスに至るまでの彼の後継者たちは、「最高神官《ポンティウス・マクシムス》」の称号を保持している。けれども、たとえ皇帝が、ローマの伝統に従って、軍隊、元老院、民衆によって歓呼されたたとしても、以後、彼がその権力を得るのは唯一神からということになる。こうした神による選出において教会は何の役目も果たしておらず、コンスタンティノープル総主教が、戴冠されたのちの新皇帝に祝福を与えるようになるのは、ようやく四五七年のことにすぎない。皇帝が総主教から塗油を受けるのは、西欧の儀礼の影響を受けたニカイア、ないしパライオロゴス朝時代を待たねばならなかった。

皇帝はキリストに倣って統治を行わなければならなかったが、現実には彼は人間であり、過ちを犯しやすい存在であることを世間は十分承知しており、「オイコノミア」の配慮により、すなわち妥協的な気持ちから、彼には、キリスト教人民の公共の福利のために最善を尽くすことが求められているだけだった。その行動を支えるために、彼は、一般信徒や立派な仲介者、なかんずく聖人たちの祈りを享受している。以後、帝国軍はキリストの勝利のために戦うのである。これ以後、ビザンツ軍が関与した紛争は常に、キリストにおける自らの同胞を守るための正義の戦争となる。

こうした神に由来した正統性は皇帝の職務を神聖なものにさせ、皇帝に対するあらゆる攻撃は、罪人の眼球摘出という特別な刑罰によって制裁が加えられた。さらに、帝国を統治することができたのは身体機能に欠損がない者だけだったから、こうした刑罰を受けた人々は、再度、帝位を要求することのできない状態に置かれることになり、宦官もこのことから帝位争いから排除されている。神に選ばれし人と残余の人々を分かつ距離は儀式に反映されている。彼に拝謁する者はプロスキュネシス、すなわち床に全身を投げ出して平伏することで敬意を表するのである。さらに、君主に直接、呼びかけてはならなくなった。緋紫の装束は厳密に皇帝の専用となった。皇帝の寝室《クビクルム》は、一般男性が立ち入れず、宦官のための領域となり、宦官たちの影響力は四世紀末以降、増大していく。

3　簒奪と世襲

たとえその任にあることに異議が唱えられなかったとしても——そんなことは一度もなかった——

〔皇帝〕当人は批判を免れることはなかった。善良な皇帝は、臣民を守り、正義を保証し、皇帝の至高の美徳である人類愛を発揮するために、一身を捧げなければならなかった。たとえ法律や勅令を起草したり、宮廷官房や地方統治官僚からの大量の質問書に皇帝返書で返答したり、そのようにして錯綜し、ときには矛盾した判例を蓄積させたりするような業務は法律家に委ねていたとしても、皇帝は卓越した立法者なのである。

したがって、皇帝は、神の怒り――通常は帝国を直撃する大惨事によって発現されるのであり、なかでも帝国軍の敗北は小さからぬものである――を買う危険を冒して「暴君」にならない限り、恣意的だとか、キリスト教の掟への敬意を欠いている、といった罪で咎められる余地はなかった。神は彼に対する対抗馬を立てることがあり、後者が最終的に勝利したなら、それは元の君主が見捨てられたことを反映しており、それ自体が、彼が悪行を働いていたことの証拠なのである。神の選択に制限を加えられない以上、帝位の継承は、開かれたものであるが、歴代の現職皇帝は、コンスタンティヌスを筆頭に、権力を自分の息子に引き継がせることに尽力している。結局、世襲原理が事実上、優勢を占めることになったが、帝位簒奪の企ては依然、多数にのぼり、とりわけ将軍たちによって引き起こされた。

4　君主への奉仕

皇帝は常に個人的な助言者たちに囲まれている。コンスタンティヌスとその息子たちは枢密会議を再統合することで伝統に追随している。その構成は皇帝の意に沿って定められ、彼はそこに高級官職者たちを介入させた。司法長官《クワイストル》、官房長官《マギステル・オフィキールム》、国有財産長官《コメス・サクラールム・ラルギティオールム》、皇帝領長官《コメス・レールム・プリウァータールム》がその正当な構成員である。あらゆる主要な議題がそこで議論された。たとえば軍事的な諸問題、反逆罪の告発、宗教問題、君主の許にまで上告された訴訟案件、最高ランクの位階保持者の人事、異国からの使節の応対などである。

5　皇帝の宮廷

地上の秩序は、いまや天上の神聖な秩序の似姿として不動のものとなり、各自はそこに自らの場所を見出すことになったのだが、皇帝は当然のことながらヒエラルヒーの頂点に位置づけられている。官位保持者の階級に帰属するのは、執行している官職によって決定された。官職や官位は数世紀を経るにつれて変化を遂げたが、ヒエラルヒー的原理は微塵も消えることはなかった。中世の席次表が複数、現存しており、それによってこのシステムの手がかりがもたらされている。八九九年の『フィロテオスのクレトロロギオン〔宮中宴統括官フィロテオスによって作成された皇帝主催の饗宴参列者の席次表〕』の著者は、皇帝主催の饗宴の際、列席者は自らの位階に従って度合いの違いはあれど君主の近くの座を与えられたことを教えてくれる。〔そこでは〕一方において、髭を蓄えた人々と宦官――当時、皇帝寝室《クビクルム》に大勢おり、極めて多様な職務を行使するために招来されていた――他方において、皇帝によって終身の資格として授与され、その最高ランクの保持者には元老院加入の道が開かれた爵位と、君主の一存で授与も撤回もできる官職、という二通りの区分がなされていた。二つのヒエラルヒーの間には一定の対応関係が維持されていた。というのも、最上クラスの官職には、ほぼ常に最も権威のある爵位が付随していたからである。しかるに、責任ある役職を一切果たしてはいない爵位保持者もいた。爵位も、官職と同様にその重要性に応じた給金《ロガイ》を受領する権利を生み、最高ランクのロガイは皇帝から直接手渡された。コンスタンティノス七世の治下、コンスタンティノープルの宮廷に滞在中のイタリア人外交使節のクレモナ司教リウトプランドは、年に一度、復活祭の週に大宮殿で実施されたロガイの分配式に立ち会った。彼が報じるところによれば、ドメスティコス・トーン・スコローン（軍司令官）は、彼の職務に見合った金貨の袋や織物、高価な金品を運ぶために、一人の補助役の助けを借りなければならなかった。

Ⅱ　コンスタンティノープルと東方の再編

コンスタンティノープルの創建は極めて重要な出来事である。というのも、この新しい都市は東方において、そしてローマの衰退に伴って、すぐに帝国全体において最大の人口を有する都市となったからである。実際、リキニウスを排除した数ヶ月後にはコンスタンティヌスは新たな皇帝座所を創建する決定を下し、散々ためらった末にボスフォラス海峡に面したメガラ人の旧植民都市ビザンティウムをその建設地と定め、その町は創建者の名を受けてコンスタンティノープルとなった。皇帝都市が創建されるのは目新しいことではなかった。近隣の都市ニコメディアがその証拠である。コンスタンティヌスは「新しいローマ」を樹立することを望んだが、それは、彼自身が依然愛着を感じていた「古いローマ」を捨てるためではなく、東方における帝国の存続をもっと巧みに保証させるためだったのである。この新しい都市の立地条件、ペルシアおよびドナウ国境から十分に遠隔の地にあり、一度の敗戦の影響を被らないこと、そして陸海双方の交通の大動脈に接するその位置は、水が不足しており、起伏が多い土地のため整地に多大な労力を要するといった不都合な点を埋め合わせて余りあるものだった。当初の事業の資金繰りは「リキニウスの財貨」によって賄われ、七〇〇ヘクタールの範囲を囲む市壁建設が開始された。

　この賭けに勝ち、住民を引き寄せるために、コンスタンティヌスは毎日八万人分のパンを提供し、元老院議員たちにローマから居を移してこの地に住居を建てるように促した。しかしながら、三三七年に彼が没したとき、皇帝宮殿、元老院議事堂、ゼウキッポス浴場、拡張されたヒッポドロームは完成していたにせよ、まだ成功は確定してはいなかった。コンスタンティウス二世は父の事業を継続させ、この都にローマと同様の首都長官《プラエフェクトス・ウルビ》を設置し、東方の富裕な大土地所有者に門戸を開くことによって著しく増員されていた元老院には、ローマが有するのと同等の特権を与えた。

この都市は、プロポンティス〔マルマラ海〕に面した新しい港湾施設の整備や地下や露天の貯水施設の建設を伴う大規模な導水事業のおかげでさらに発展を続けた。それらは、攻囲された際にはテオドシウス二世の治下に構築された囲壁によって守られていた。同帝により、それらは囲い込まれ、首都の面積は二倍になった。コンスタンティヌスによって整備された古い城壁と新しいそれとの間に含まれた空間は、決して建物が密集して建てられることはなく、後代には複数の修道院が菜園のなかに設立された。こうした七キロに及ぶ城壁は、古代の軍事建造物の中でも最も人目を引く成功例となっている。前面に広い堀を配した二重の囲壁は数多くの塔によって強化されていた。町に入るために複数の城門が設けられていたが、そのうちのひとつでエグナティア街道に接続する黄金門は、皇帝か将軍の凱旋式典を祝うためにしか開かれることはなかった。この城壁は帝国が存続している限り、多大な経費をかけて修復され、一四五三年に至るまで一度も破られなかったのである。なお、一二〇四年の十字軍が突破したのは、これよりのちに建設され、偉容において劣る海側の城壁であった。

　コンスタンティヌスの治世まで遡る教会は僅かである——初代の聖ソフィア聖堂はコンスタンティウス二世以前には建てられていなかった。それらの数はその後二世紀の間に歴代皇帝や極めて裕福な元老院議員たちの後押しで増大している。ストゥディオスの聖ヨハネ修道院、聖ポリュエウクトス教会、そしてもちろん、ユスティニアヌスによって再建された聖ソフィア聖堂。もっと慎ましやかな教会や修道院が四世紀末以降、都の周辺に建てられている。

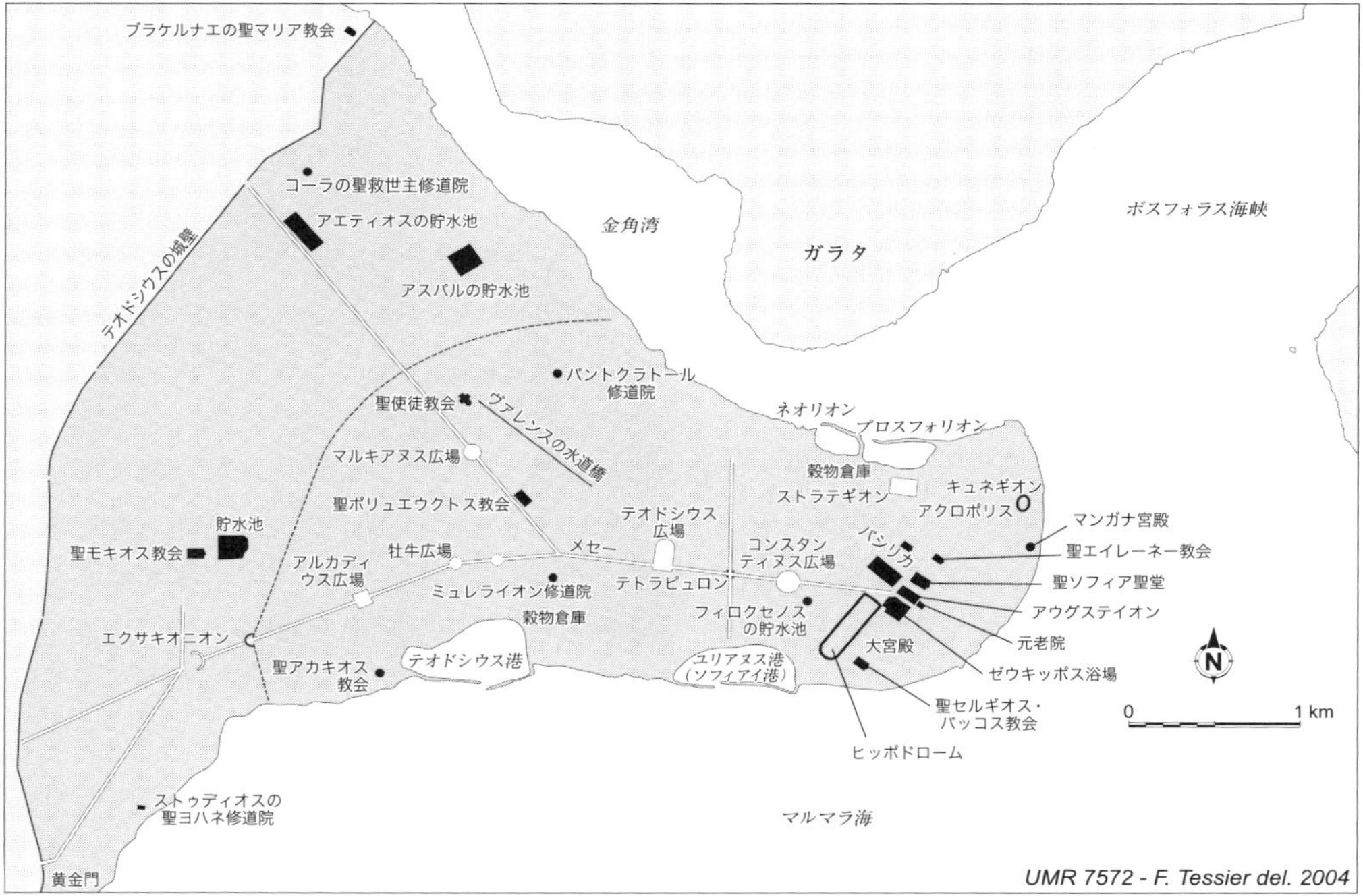

地図1　中世のコンスタンティノープル

人口は急速に増大する。というのも私的な投資によって多数の家屋《ドムス》を建てることができたからである。エジプト産の小麦は、ローマが衰退したことに乗じて徐々にボスフォラス海峡へと方向を転じるようになった。五世紀の半ばにコンスタンティノープルはおそらく人口が最大四〇万、ないし五〇万に達したが、火災のために破壊され、完全には復旧しなかったこともあり、そののち、まもなく居住面積は縮小している。コンスタンティノープルは無産者を引きつけた。彼らは、数多くの慈善施設のいずれかで養ってもらえることを期待したのである。こうした大衆は噂に敏感であり、往々にしてサーカス党派、すなわちデーモスによって統率された暴動に加わった。サーカス党派の性質については大量の書物が書かれている。というのも、彼らの行動はしっかりと秩序立てられた政治方針に沿ってはいないからである。彼らは、ヒッポドロームの競馬競技の際に「緑」と「青」に分かれ、贔屓の馭者を応援するサポーター・クラブとかつては見なされていた。しかも皇帝は贔屓の色〔のチーム〕を選ばなければならなかった。今日では、余暇を享受しているデーモスの構成員は、もともと都市のアンノーナ〔訳注：公的穀物支給〕の受益者、つまりかなり裕福な市民だったと見なされている。サーカス党派の制度はアンティオキアのような帝国の他の都市でも目にされる。七世紀以降、都市暴動は減少し、デーモスは政治生活の一要素であることを止め、もはや皇帝儀礼の参加者にすぎなくなる。

　巨大都市が物理的、制度的に発展したことで、東方における交通ネットワークの部分的再編がもたらされた。デュラキオンの港からバルカン半島を横切るエグナティア街道、アドリアノープル、フィリッポポリス、シンギディウム（ベオグラード）を経由してドナウ川に至る街道、首都とアンティオキアを結ぶ街道、セバスティアを経由してアルメニアに至るそれなど、主要な街道はすべて新たな首都へと収斂していた。小アジアにおいては、東西軸に沿ってエフェソスやスミュルナなどのエーゲ海沿岸の港町に向かうルートは、消滅することはなかったが、輸送量の一部を失っている。

1　行政機構の集権化

コンスタンティノープルの建設によって、少なくとも東方においては、皇帝の移動生活に終止符が打たれた。というのも彼らは以後、恒常的に大宮殿に居住するようになったからである。それらのうちで初期の建物であるダフネ宮殿やカルケー門（青銅製の扉口を備えた入場門の建物）はコンスタンティヌスによって建てられた。宮廷衛兵隊のうちスコラエ連隊は宮殿自体のなかに自分たちの兵舎を有していた。その近くには大規模な行政業務のための官庁、とりわけ〔オリエンス〕道の行政機構を統率し、一〇〇〇人以上もの膨大な下僚を擁した東方のプライフェクトゥス・プライトリオ（道長官）の本拠が置かれている。それ以外の地域プライフェクトゥス職はもっと慎ましいものである。財政業務は、アンノーナを管轄するプライフェクトゥス・プライトリオと帝国財政を管理する二人のコメスの間で三分割されている。帝室は、ビザンツの全期間を通して、常に帝国第一の大土地所有者だった。

税制と大規模交易に、コンスタンティヌスは、ソリドゥス、ギリシア語ではノミスマと称する金貨を発行するという比類ない道具立てを与えた。七二ソリドゥスが金一ローマ・ポンドに相当し、一枚あたりの金含有量は高品質の純金四・五グラムだった。このソリドゥス金貨は十一世紀に至るまで、あらゆる財政危機を乗り越えたのである。日常のもっと少額の支払いには銅貨が用いられていた。というのも、初期ビザンツ経済は大いに貨幣化されていたからである。金貨は複数の工房で製作されており、初期ビザンツ時代にはテサロニケ、ニコメディア、アンティオキア、カルタゴに所在したが、八五〇年以降、それは唯一コンスタンティノープルに集中することになる。

2　軍隊の変容

四分統治時代の戦争によって形づくられた軍隊には、作戦行動中の皇帝に同行する中核部隊、コミタテンセスが含まれていた。これら新設の軍団の多くは、マギステル・プライセンターレス〔中央軍司令官〕の指揮下に首都の近くに駐屯させられていた。残余の軍隊、古来の軍団は国境沿いに分散配置され、リミタネイと称する部隊を形成していた。このような二つの類型の兵士の区分は初期ビザンツ時代を通じて維持されているが、軍隊はこの三世紀の間に著しく変化を遂げていた。中央軍の中では騎兵が優勢になり、中央軍の機動性は増進した。リミタネイに関しては、将軍たちが、防備を施した国境沿いで帝国を防衛するのを断念したのと時を同じくして重要性を失っている。

軍隊に蛮族を雇い入れる施策は、コンスタンティノープルにおいて激しい反対を惹起させ、それは四〇〇年にゴート人とその首領のガイナスが虐殺された際に頂点に達した。しかしながら、補助部隊として奉仕するにせよ、エリート部隊に加入するにせよ、蛮族、とりわけ四―五世紀のゴート人、次いで六世紀のシリア・パレスティナ辺境地帯のガッサーン朝アラブ人は首尾よく帝国防衛に関与していた。皇帝マウリキウスの下で当時のエリート軍団の、ランゴバルド人から徴募されたオプティマトイ、ビザンツ軍の将軍に仕える往々にして大量の兵士を再統合して構成されたブケラリオイ、そしておそらくギリシア人も含んでいた同盟部隊が、いまや新しいエリート軍の主力を形成している。この軍隊は皇帝に付き従い、そこからオブセキウム（「従順な奉仕」）という名が付いた。同軍はヘラクレイオスの指揮下で服務したのち、アラブ軍の攻撃から首都を防衛するために呼び戻され、テマ・オプシキオンを形成した。それは、ビザンツが東方で後退を強いられたのちに創設された大型の軍事管区のひとつである。

III　帝国のなかの教会

三一三年六月、コンスタンティヌスとリキニウスはミラノで対面し、彼らのかつての同僚であるガレリウスがキリスト教徒の弾圧に終止符を打ち、発布したサルディカ勅令を確認する。東方では信徒共同体は非常に多くなっていたとしても、この時期の帝国においてはまだ少数派であったキリスト教信仰がこれ以後、信教の自由によって、発展するための新たな推進力が与えられた。今回の決定と皇帝の改宗によって、教会と帝国の関係を定義づける必要性が生じるに至った。

1　教会機構の設置

教会の組織は国家のそれをモデルに形成された。各都市にはその主教がおり、属州の首府の地位を有する都市の主教は、府主教として彼の同僚たちに対する上席権を獲得した。コンスタンティヌス以降、聖職者は帝国公職者として複数の特権に与るようになり、キリスト教共同体の内部で卓越した存在になった。いくつかの主教座の主教は徐々に特別な存在として認知されるようになり、とりわけ、巨大都市を座所としていたり、公会議における論争で彼らが傑出した役割を果たしたりしたことがその理由になった。最初にローマ、アレクサンドリア、アンティオキアの三都市が抜きんでた存在となった。後ろの二都市はきわめて活動的な神学学校を擁していた。首都〔コンスタンティノープル〕の主教は、当初、トラキアのヘラクレイア府主教座の属主教にすぎなかったが、皇帝が定住する都市の主教職保持者は、そうした慎ましい地位に甘んじることはできなかった。いくつかの段階を経つつ、公会議での承認を得て、コンスタンティノープル主教座は、四五一年、カルケドン公会議の際に、府主教座に優越する卓越した主教座に与えられた名称である総主教座として最終的に承認された。イェルサレム主教座も同様の昇進を勝ち取った。というのも、同市は、コンスタンティヌスの母ヘレナに帰される「真の十字架」の発見と聖地巡礼の増大によって、帝国におけるキリスト教信仰の首府と見なされていたからである。教会ヒエラルヒーは最終的にしかるべき形に整えられ、五つの主教座の優越性が承認された。それ以後、教会運営に関して二つの見解が対立した。すなわち、一方は、公会議を五つの主教座、つまり総主教座の在職者よりも上位に置く見解、もう一方は、単独支配的なそれであり、その場合には、ローマとコンスタンティノープル、いずれの主教座がそれを担うのかを決定する、という問題が出来した。

　コンスタンティノープル主教座の栄進は東方の他の主教座の動揺を招いた。実際、六世紀末以降、帝国全土の聖職者が「新しいローマ」の総主教に訴えを行うことができるようになったことで、彼らは最終的にその管轄下に置かれることになったのである。教皇座との関係は錯綜していた。東方側はローマ司教座に名誉的な上席権を認める用意があったのに対して、教皇側は裁治上の首位権、すなわち東方側の管轄地域におけるすべての教会に関わる事案に最終的な裁断を下す権利を要求したからである。彼らは、そうした主張の拠り所として、キリストが初代ローマ司教のペテロに対して、「汝の上に我が教会を建てん」と語ったことを挙げている。コンスタンティノープル総主教はこうした教皇側の主張を拒絶する。彼らものちに、自分たちの主教座は「最初の召命者」使徒アンデレによって創建されたのだから、ペテロよりも古い伝統があると申し立てることになるのだが。六世紀以降、彼らは、新たなローマたるコンスタンティノープルの大主教という彼らの称号に「全世界の《オイクーメニコス》」という形容辞を付加し、東方全域を治めるという彼らの願望を表明する。そうした決定には教皇からしきりに抗議がなされたが、何の効果もなかった。

首都の総主教は、首都に滞在中の主教たちで構成された常設教会会議の補佐を受けて、教会統治を行っている。彼は、「大教会」聖ソフィアに配属された過大な聖職者団に囲まれている。徐々に整備されたその統治機構は、一部、帝国をモデルとして形成された。中世にはそれは、カルトフュラクス（尚書局長）、スケウオフュラクス（神聖な宝物の管理責任者）、オイコノモス（主計局長）、サケラリオス（財務の責任者、次いで修道院の監督官）といった主要業務の責任者である高位の役職者たち《アルコンテス》によって差配されていた。

2　主教の役割

初期の信徒共同体は主教の下に結集し、迫害を乗り切ったのだが、三一三年以降、主教は、彼らの教会が資産形成することを認められたため、増大した役割を果たし、決定的にエリート層に加わり、ますます広範な任務を引き受けるようになった。一般信徒からの古くから続いていたがささやかなものだった献金は、皇帝からの気前よい施しや元老院貴族層の構成員による贈与や遺贈によって著しく増大することになる。いまや裕福になった教会——というのも彼らの財産は譲渡することができず、また、修道院的施設との競争にまだ実際にはさらされていなかったから——は、主教に高級官職者のような報酬を与える手段を有していたのである。そして、そのことがこの職務を魅力的なものにし、それを得ることが競争になって、ときとして主教職が買収の対象となったり――そうした行為は断罪された――社会的に極めて高い階層から候補者が求められたりするような事態をもたらした。

主教は都市内で権限を増大させ、いまや彼の都市で最も有力な構成員の一人に数えられるようになった。主教は一名の会計係によって補佐され、彼らは協力して主教座の財産を管理し、保存された帳簿に登録された貧民に施しものを期日どおりに分配し、旅人や病人、老人、孤児を収容するために設けられた慈善施設に必要な物資を提供しているのである。皇帝は、六世紀後半以降、在俗教会の資産が都市の財政危機に巻き込まれたのち、こうした業務について、とりわけ首都において、彼らを支援するようになった。その後、修道院施設が〔その任務を〕一部、引き継いだ。

対外的紛争によって多くの都市が孤立させられ、弱体化された際には、君主は主教たちを頼りにした。後者は、教会法によって終身制であり、帝国行政機構が機能不全を起こした際に一時的に代役を果たしたのである。かくして、テサロニケ大主教ヨハネスは、七世紀初頭、アヴァール人とスラヴ人の攻囲軍に対して住民たちの抵抗精神を鼓舞することになった。六二六年、総主教セルギオスは、ペルシア人とアヴァール人の二重の攻勢からコンスタンティノープルを守る任務をヘラクレイオスから受け取った。同じ図式は、スラヴ人、現地住民の反乱、フランク人、そして最後にトルコ人と対峙して、公的機構の通常運転が中断するたびごとに繰り返されるのである。

当初、主教座教会を欠いていた農村部の信徒たちは、私的に設立された教会しかほとんど頼ることができず、そこで働く司祭たちは都市部の聖職者と同水準の収入を享受してはおらず、彼らの世俗の隣人たちと区別がつかなかった。実際、主教は厳しく禁欲を守るために結婚を断念しなければならなかったのに対して、下級聖職者は婚姻を結ぶことが可能であり、彼らは、しばしば彼らの教区信徒と同様に手仕事を行っている。中世には、彼らは、当時、数を増していた修道院付属教会と競合するようになった。

3　修道士の地位

三世紀のエジプトに出現した修道制は隠修士制や共同体制などさまざまな形態をとりつつ、パレスティナやシリアの周辺地域において急速に発展し、シナイ半島の「燃える柴」〔聖カテリナ〕、聖なる都市〔イエルサレム〕に近接する聖サバス、そして最も名高い柱頭行者の下に巡礼が大挙して押しかけたアンティオキア近郊の聖シメオンといった影響力のある修道院を拠り所にしていた。彼らが身にまとう黒い修道衣――「天使のごとき」装束――によってすぐに認知されるようになった修道士は、急速に人気が高まっていった。彼らの中でも優れた人々はしばしば聖人の仲間に数えられるようになり、神と信徒の間の有能な仲介者と見なされていた。彼らの影響力は社会のあらゆる局面に及んでいた。彼らは、天上との近しさのゆえに彼らに許されていた忠告の自由によって、村人の要求を仲介したり、皇帝に直接訴えかけたりした。

修道士は、教会を分裂させた紛争に積極的に関与しており、単性論者は修道院のなかに支持者を見出していた。司祭にさえ叙任されれば、彼らは主教やさらには総主教にも任じられる点で正規の聖職者と競合していた。彼らは、世俗貴族層の精神的教導者として宮廷に引き入れられ、なかには、八世紀末、コンスタンティノープルのストゥディオス修道院の偉大な改革者テオドロスのように、皇帝の諮問に与る者もいた。歴代皇帝は自分たちの事業の成功のために祈るよう修道士たちに懇請している。俗人、とりわけ貴人は、死を前にして、その財産の一部、ないしはすべてを委譲した修道院に隠遁することが慣行になっていた。修道院は、西欧とは異なり、決して修道会に組織されることはなかったが、聖像論争以後、莫大な不動産を獲得しており、その広がりぶりは繰り返し君主の不安を掻き立てるほどであり、後者はその拡張に制限を加えようとした。その代わりに、修道院は皇帝に代わって慈善施設を建設し、その経費を賄っていた。

4　教会のなかの皇帝

ローマ帝国時代、君主は大神官の任務を行使しており、彼自身が崇拝の対象となり、死後は神格化されていた。コンスタンティヌスの改宗後、すべてが一新された。たとえ神官職が放棄されるのはグラティアヌス治下に過ぎないとしても。逆にコンスタンティヌスは、死後に与えられた称号であるのは確かだが、聖人と見なされた唯一のビザンツ皇帝であり、中世において自らの民を洗礼へと導いたために、それ以前の素行がいかなるものであれ、列聖される王という伝統を切り開いたのである。コンスタンティヌスの事例では、死の間際にアリウス派異端を偏愛していると思われたことも、このために許容された。後代の聖人伝は、同帝の死後まもなく公刊されたパレスティナのカイサレイア主教エウセビオスの著作、『コンスタンティヌスの生涯』に多くを負っていた。同書では、コンスタンティヌスの改宗が神の摂理としての性格を帯びたことが賛美され、皇帝と教会の関係に関する公式の教義となるものの基盤が作られた。

　コンスタンティヌスは、キリスト教に関心を向けたとき、圧倒的に多数派を占めた異教徒を改宗させる使命を自分が負っているとは感じていなかった。その代わり、ユリアヌス——異教に復帰しようとしたためにキリスト教徒から「背教者」と呼ばれた——の激烈な反動ののち、ひとたびキリスト教がテオドシウスによって国教と宣言されると、皇帝は、〔宗教的〕寛容というローマの伝統と決別し、他の宗教を犠牲にして、キリスト教信仰を普及させなければならなくなった。

　帝国の都市部に多数居住していたユダヤ人は、自分たちの信仰の自由を守っているが、一切の宗教勧誘活動が禁じられたために、彼らの置かれた状況は悪化し、彼らは軍民いずれの公的任務に就くこともできなかった。キリスト教徒はシナゴーグに入り込むことも、ユダヤ人の家を頻繁に訪れることも控えるように勧告されている。というのも、教会当局は、信徒がユダヤ教の慣行を取り入れるのではないか、たとえば復活祭を彼らの日程で祝ったりしないか、「ユダヤ人化」しないか、と危惧していたのである。「ユダヤ人化」というのは、「正教」のあらゆる敵対者に対して容易に浴びせられる非難である。いまだ多数のユダヤ人が居住していたパレスティナにおいては、彼らは、ペルシア軍、次いでアラブ軍を歓迎することで自分たちの敵意を表明している。歴代皇帝はさまざまな動機から何度か繰り返してユダヤ人に改宗を強制しようとしたが、持続的な成果を収めることはなかった。こうした緊張感のある時期を除けば、ユダヤ人たちは、帝国の終末に至るまで、他から煩わされることもなく自分たちの法に従って生活していた。

　グラティアヌスとテオドシウス――後者はミラノ司教アンブロシウスの影響下にあった――は、象徴的にローマの元老院から勝利の女神の神像を取り外させた。一連の法令によって、犠牲供犠、一切の偶像崇拝が禁じられ、オリンピア競技会が廃止された。一般的な原則として神格の彫像は破壊されたが、閉鎖された神殿は、テオドシウスがアレクサンドリアのセラペウムの破壊を命じたような皇帝の主導性が示された場合や、ガザのポルフュリオスのような主教の過激活動が理由にならない限りは打ち壊されることはなかった。一部が世俗的な用途に使われた他の神殿は、かなり後年になってから教会に転用された。たとえば、アテネのパルテノン神殿は聖母教会になった。異教徒は少しずつ公的任務を行使することが不可能になり、最終的に五二九年、ユスティニアヌスは最後の異教徒たちに洗礼を強要したが、コンスタンティノープルの何人かの貴族を処刑しないわけにはいかず、彼らの資産は没収された。六世紀末には異教徒はまだ残存していた。ビザンツに献げられたもうひとつの「クセジュ」文庫において、本質的に異教的である古典文化が、キリスト教徒の著述家によって再興されることが明らかにされるだろう。彼らは、若干の異論を唱える連中を例外として、それらを遺産として受け取っていたのである。

5　正教信仰の形成

〔北〕アフリカにおいて、〔キリスト教〕迫害期に神々への犠牲を献げることを甘受したことで、一度信仰を捨てたキリスト教信徒を、ドナティスト派は自分たちの仲間に受け入れることを拒否し、より寛大な態度を示す多数派の司教たちと対立している。後者は、コンスタンティヌスがその政治的権威をもって正統キリスト教信徒を支援し、主教たちを召集して異端を断罪するよう求めて、同帝との面談に向かった。皇帝はこの事案を根本から判断することもなく、それをローマ司教、次いでアルル地方公会議に委ねた。このような君主の介入は、公共秩序が乱されるのを終結させようとする配慮と宗教を管理する責務を皇帝に与えるローマの伝統によって説明されている。

コンスタンティヌスは、キリストの性《ナトゥラ》に関する極めて深刻な論争がキリスト教徒を分断していることを知った。アレクサンドリアの司祭アリウスは、キリストは父なる神によってもうけられたのであり、後者とは本質を同じくしておらず、後者よりも劣位にあると主張していた。コンスタンティヌスは、三二五年、コルドバ司教オッシウスの助言に基づき、ニカイアに全司教を召集し、適正な教義を定めさせた。この、皇帝自身によって主宰された――彼は神学的議論には加わっていない――最初の全地公会議は、アリウス派を断罪し、ひとつの前例を作った。すなわち、公会議は、皇帝によって召集され、主宰されなければ、そしてさまざまな総主教座の代表者が集められなければ、全地公会議たりえないのである。

ニカイア信条はすぐに強いられたわけではなく、アリウス派をめぐる危機は三八一年にコンスタンティノープルで公会議が開催されるまで解決されなかった。コンスタンティヌスの息子コンスタンティウスは、アリウスの支持者を支援したが、そうした態度は教会に前代未聞の問題を生成させることになった。皇帝の後押しにより、ニカイアにおいては断罪されたアリウス派が、同帝が没するまで教会を支配することになったのである。教会問題における皇帝の権限は徐々に明確にされていったが、それに躊躇がないわけではなかった。皇帝には、地上の教会を統括することが認められていた。なぜなら、神は彼に地上の世界を委ねていたからである。総主教は誰一人として、君主の明確な同意なしには指名されることは不可能だった。教会会議が選抜した三人のなかから君主が〔それを〕選んだのであり、教会会議は皇帝が推す候補に留意するよう心がけていたのである。同様に、帝位交代時に在職していた総主教が帝国の新たな主人と紛争になったとしても、後者は、総主教を辞職するよう仕向けたり、解任の処置をとらせるために教会会議の多数派を味方に付けたりするのが常だった。さらに皇帝は、主教座を府主教座に昇格させる、といった教会組織を改変する権限を有することが認められていた。

教義の決定に皇帝が関与することは、当初から激しい抵抗を受けた。実際、異端と戦い、キリスト教信徒の統一性を守ることは彼の責務であり、ユスティニアヌス、ヘラクレイオス、コンスタンティノス五世、さらに後代にはマヌエル・コムネノスといった幾人かの皇帝が、常に聖職者の一部の支持を得て、教義上の特定の見解を押しつけることに尽力しているのは、こうした責務ゆえなのである。こうした要求に対して教会人は即座に反対したが、四九一年、ローマがコンスタンティノープルの権威に直接、服属してはいなかった時期に、二つの権力の理論を表明したのは教皇ゲラシウスである。皇帝によって保持される地上の権力は司教の神聖な権威の前には膝を屈しなければならなかったのである。フォティオスのような何人かのコンスタンティノープル総主教は、自分たちに都合がいいようにゲラシウスの主張を再び取り上げたが、それは、血なまぐさい簒奪劇の末に権力の座に達した皇帝ヨハネス・ツィミスケスも同様だった。皇帝とローマ・コンスタンティノープル両教会の関係は、往々にして〔両者の〕力関係と政治情勢に応じて決定された。

キリストが神と人の両性を同時にもつことについて提起されたキリスト論に関する争論は、アリウス派の挫折で終わったわけではなかった。それらは、神学だけでなく政治的な問題点も再燃させた。キリストの位格において人性に価値を置くネストリウス派は、〔キリストの神人〕一体性を槍玉に挙げ、聖母に対して「神の母《テオトコス》」という称号を付すことに反駁したが、四三一年のエフェソス公会議において断罪された。彼らは帝国内では少数であったが、ペルシアにおいて大成功を収めた。同地の君主はキリスト教徒を迫害したが、その後、現地信徒の大半がネストリウス派であり、コンスタンティノープルの公式教会に忠実ではなかったため、最終的に彼らを容認するようになった。

〔総主教〕キュリロスに指導されたアレクサンドリア教会は、ネストリウスとの戦いを推進し、キリストの〔神人〕一体性を強調するに至る立場をとった。キリストの人性は消失しかけるほどになっており、もはや二つの性ははっきりと区別されることはなくなっていた。こうした単性論が今度は四五一年のカルケドン公会議において、教皇レオ〔一世〕の積極的な関与もあって、断罪された。採択された両性論の教義は、キリストは完璧に人であると同時に完璧に神であることを承認していた。これで問題が片付いたわけではなかった。というのも、これ以後、カルケドン派の目には異端となった単性論派はエジプトやシリアにおいて強力な地位を保っていたからである。

かくして、コンスタンティヌスをビザンツ帝国の創建者と見なすことは、たとえそうした主張が、アウレリアヌスやディオクレティアヌスによって着手された軍事・行政改革との連続性の要素を過小評価するものであったにせよ、不当なものではないのである。というのも、西方の人間であるコンスタンティヌスが、正しい判断力を持って選定された立地に、強力に防備を施された首都を東方に授けたことで、それを再編したからである。このように振る舞うことで、彼は、帝国の将来の安寧を保証した。最後に彼は、信徒の統一性に腐心する、善きキリスト教皇帝の参照モデルを提供した。

帝国はすでに四世紀の間に複数の皇帝たちの間で分割されていた。したがって、テオドシウスがその死に際して、三九五年に彼の息子ホノリウスにラヴェンナを、そしてもう一人の息子アルカディウスにコンスタンティノープルを委ねているのは新機軸を打ち出すものではなかった。この瞬間には、〔東西の〕分裂は復旧できないものと感じられてはいなかったが、それは、事実として決定的なものになった。ひとつの世界帝国の二つの部分が結合する、という理念は決して消失することはなかったのだが。

五世紀において、東方の帝国は、その高水準の人口を維持するために有利な経済的諸条件、ひいては貢納金を支払って、蛮族の攻撃を回避させることを可能にするような資源を享受していた。三七六年にゴート人同盟部族軍がアドリアノープルにおいてローマ軍を壊滅させ、皇帝ヴァレンスを殺害したときには、彼らは、一時期、極めて深刻にバルカン地方を脅かしていた。コンスタンティノープルの歴代皇帝は、ラヴェンナにいた彼らの同僚を何度か繰り返し救済したが、四七六年にオドアケルが西方における最後の皇帝を罷免するのを阻止することはできなかった。以後、唯一の「ローマ人の皇帝」が統治するのはコンスタンティノープルにおいてであり、東ゴート人の首領で私兵部隊を統率するテオドリックがオドアケルを追討するためにイタリアに派遣されたのは、彼の名においてなのである。国境地帯が比較的小康状態を保っていたのに乗じて、元財務官僚の皇帝アナスタシウスは極めて効率よく税を徴収しつつ、出費を抑制することができ、彼の直後の帝位継承者のユスティヌスとその甥であるユスティニアヌスに、相当な黄金の備蓄と、さらに人口稠密で繁栄する帝国を残したのである。

第二章　中世国家の形成（五二七―七一八）

ユスティニアヌスの治世が、主に帝国が中世における国境線へと後退していくプロセスに充てられる章に含まれることに、読者が驚きを禁じ得ないのは当然のことである。実際には、彼の治世中には隠されていたが、将来の惨禍の予兆となる徴候について考えなければならないのである。人口の減退が始まり、アンティオキアのような大都市が衰退期に入り、伝統的な都市エリート層は危機に陥る一方で、バルカン地方は〔外敵の〕侵略に痛めつけられ、版図の拡大は、過度に長く延びた国境線を防衛することが困難になるのを予告するものであった。ユスティニアヌスも、行政面での将来的な解決策を試行しており、権限の明確な分離に留意する伝統に背き、一部の地方総督に軍民両権を付与している。

I　社会経済的変容

1　ペストの再襲来とその帰結

二世紀以来、地中海世界から姿を消していたペストは、復活を果たし、プロコピウスを信じるならば、五四二年にコンスタンティノープルに容赦なく襲いかかった。彼によれば、疫病の最盛期には、毎日数千人の死者が数えられた。この疫病流行の影響については、文献史料が提供する情報が乏しいため議論の余地があるのだが、ペストが繰り返し発生していることや戦乱によって生み出された苦難を考慮に入れれば、ユスティニアヌスの下で明らかに二〇〇〇万人を超えていた帝国の人口は、その後数世紀の間に著しく減少したと考えることには同意が得られるであろう。このような下落は、軍隊の徴募、都市の人口、交易の強度に跳ね返った。

2　農村地帯

農村地帯の繁栄が帝国とその都市の繁栄を確かなものにしている。というのも、仮説的な概算によれば、農民は彼らの生産物の四分の一から三分の一を租税として納めていたからである――豊かなエジプトについてはおそらくそれ以上のレートであろう。そうした税率は世紀を経るごとに変動したであろうが、こうした推測幅から外れることはほとんどなかった。農業には多くの人手を必要としたが、その条件はユスティニアヌスの治世までは達成されていた。農村部の発展は、不均衡な自然条件次第でもあった。エジプト、〔北〕アフリカ、シチリア、属州アシアといった、広く認められた小麦の主要生産地と並んで、トラキア、ビテュニア、シリアでは多品目栽培が優勢であり、シリアではオリーヴ栽培によって食用油の輸出がなされ、その一方でアナトリア台地とその周縁部は牧畜業に好適である。成長のペースは属州ごとにさまざまである。北シリアにおいては、石灰岩の石材で建てられた多くのビザンツ時代の村落が、今日においてもまだ一部が壊れずに立っており、大都会アンティオキアに近接する農村地帯の経済的発展を辿ることが可能になっている。北シリアの田園地帯が六世紀前半ほど人口稠密で生産性が高かったことは未だかつてなかったことが指摘されている。当時、同地における人口は四世紀から倍増していた。これに続いて同地域は高水準の停滞を経験し、その後、転落が始まり、それは数世紀にわたって続き、アラブ人による征服も意味があるほどの変化をもたらすことはなかった。帝国の他の場所では、花粉学の調査によって、六世紀までは森林に生える植物種の後退と栽培植物の増大がみられたが、その後の数世紀の間はそうした傾向がはっきりと逆転したことが明らかにされており、そのことは農業生産が低下したことを裏付けるものである。

3　都市の衰退

六世紀においては、手工業は、コンスタンティノープルの外部ですら、まだ活発だった。偶然、発見された碑文として、キリキアの港町コリュコスにおける数百の墓碑銘が残されており、それらには、さまざまな食品業者、皮なめし工、香水商人、油とワイン商人、居酒屋と宿屋、ギルドに組織された二つの職業、銀行家と亜麻商人が登場している。東方の大きな港町ティルスの碑銘にも同様の活動が言及されている。同地ではこれに紫染料とガラス職人が加わっている。帝国の全域において、建設業は、防備用の建造物を築く営為と結び付けられて表示されたが、教会の建築についても同様であり、それらの遺構はあらゆる都市的集落に現存している。格式の高い建造物にはプロコンネソス産の大理石が、もっと慎ましい用途に当てられた地元産の切石と共に依然として使われている。コンスタンティノープル、ラヴェンナ、シリアとパレスティナの多くの建設現場ではモザイク職人が雇い入れられているのが目にされている。巨大都市は金銀細工師、象牙彫刻師、絹織工といった奢侈品職人に居場所を与えていた。

在地名望家が彼らの都市の美化に関与するのは、主教を別にすればだんだん少なくなった。主教は彼らに代わって多くの教会を造営している。博愛的活動は慈善事業に特化し、もはや貧困市民層という限定された範囲しか対象にならなかったが、それは、福音の教えに従って、故郷から離散した農民たちにも拡大されている。そうした人々は、都市部、なかんずく慈善施設が集中する首都で運を試しているのである。皇帝が第一の慈善家になっている。十分な資産を自由に使えたのは彼だけだったからである。

ユスティニアヌスは建築者で慈善家というこの二重の役割において傑出していた。五三二年、サーカス党派によって引き起こされたいわゆるニカ（「勝利」）の乱によってあやうく廃位されかかったのち、彼は、聖ソフィア（神の叡智）聖堂を莫大な経費をかけて再建し、神とキリスト教皇帝との関係性を象徴させ、帝国の威信を発揚した。この計画の大胆さは、このときの建築家トラレスのアンテミオスとミレトスのイシドロスの示した高度な科学技術から立証されている。首都やその郊外にも他の多くの教会が建立されたり、再建されたりしている。ブラケルナエの聖マリア教会は、中世の全期間を通じて、聖母に献げられた聖堂の筆頭格だった。〔他に〕聖エイレーネー教会、アナプルースの聖ミカエル教会などがある。属州においては、同帝は、とくにイェルサレムにおいて「新たな聖マリア」教会を、そしてシナイ山においては「燃える柴」の修道院を建立させ、後者はのちに「聖カテリナ」の名を帯びることになった。彼は、エフェソスの聖ヨハネ聖堂を再建し、アンティオキアを再建するための資金を何度も繰り返し送っているが、五二六年の恐ろしい地震ののちにはとりわけそうしている。彼は国境地帯も蔑ろにせず、数多くの防壁や要塞を建設したり、修復したりしている。彼の後継者たちはそのようなペースを維持することができず、ヘラクレイオス以降は公共事業への言及は稀になっている。

古代の早い時期から都市を統治していた都市エリート層、すなわち都市参事会員層は徐々に姿を消し、国家官僚が前面に現れた。帝国版図が縮小するのと時を同じくして中央集権化が強化された。租税の割り当てと徴収は都市の仕事であることを止め、中期ビザンツ時代には、現代の財務大臣に相当する中央政府のゲニコンのロゴテテースの業務に委ねられていた。大土地所有者はもはや彼らの領地に居住せず、安全性の高い都市に居を構える方を好んだ。

4　交易の落ち込み

海上輸送に関する我々の知識は、土器研究の貢献のおかげで著しく改善されている。この研究手法によって、船荷として小麦、油、ワインを輸送するための専用のアンフォラ〔二つの取っ手と長い首をもつ陶製容器〕が製作された工房が特定され、それらの中味が判別され、生産された年代が確定されることが可能になったのである。カルタゴでは、シリアやパレスティナ産のワインや油を入れたアンフォラが山のように堆積していた。アフリカ製の陶製食器がコンスタンティノープル、小アジア、ギリシア南部などで見つかっている。六世紀、さらにユスティニアヌスは帝国自体で振興した養蚕業に基づいた自国製品をペルシアや極東から輸入される絹製品に取って代わらせることを目指した計画を実行に移した。ビザンツの船舶は地中海全域を往来し、紅海を支配し、錫を求めてブルターニュまで危険な航海を行っていた。マルセイユから上陸したシリア人商人はメロヴィング朝のガリアで確認されており、ガザ産のワインは、絹製品やパピルス共々、フランク宮廷にまで到達していた。ビザンツの黄金は、常時、西欧の蛮族諸国に行き渡っていた。エジプト産小麦が首都へ大量輸送されたことに伴い、穀物倉庫と港湾施設が大々的に整備された。明らかに、コンスタンティヌス時代以降、中型船は減少しており、そのことは、海上交易の衰退がすでに感知できていたことの表徴である。同様に、交易の地域分化に拍車がかけられていた。

次の世紀、全体の情景は著しく変化していた。住民を減らした都市は、長期にわたって放置されていた劇場、神殿、大浴場といった古代建築からの流用材で建てられた城壁を備えた城塞《カストラ》になった。しかし、それは秩序だった仕方でなされており、そのことは公権力の介入があったことを推測させている。市壁によって囲い込まれたのは都市域の限られた一画であり（若干の例しか挙げないが、アンカラ、エフェソス、ミレトス、サルデス、ペルガモン）、もはや大量の商品を輸入する必要性がなくなった住民には、都市直近の後背地の生産物で十分だった。エジプト産穀物の現物税は六一八年にコンスタンティノープルへの輸送が停止され、そのために深刻な食糧難が惹起されたが、それは一時的なものだった。そのことは、人口が非常に減少していたことを立証している。五―六世紀には都市騒乱が頻発し、無為な群衆が、サーカス党派の首領のスローガン――常に政治的、宗教的であったわけではない――に呼応していたが、そうした騒乱は、ヘラクレイオス以降は戦闘員不足のために消滅した。

そのうえ、海域の安全も、スラヴ人の小型舟艇（ないし丸太舟）がエーゲ海を遊弋するようになって以来、もはや保障されなくなる。さらに、ムスリム艦隊が出現し、かつては最大級の都市が集中していた沿海地域が防衛ゾーンになるとなおさらだった。高い水準で維持されていた貨幣経済は著しく後退する。というのも、侵略者に支払われる貢納金や軍事経費、それに最も豊かな属州の喪失によって、貨幣備蓄が危殆に瀕していたからである。地中海の二つの地域間の交易は完全に消滅はしなかったが、付随的でもっぱら奢侈品に限定されている。ブルガール人との交易を規定した七一六年の条約は、毎年、金五〇ローマ・ポンドという本当に僅かな額の流出を想定していた。

通商活動を観察していくと、それが失墜するのはアラブ人の出現に先行しているのを確認することができる。後者は、地中海経済に対して直接的な影響をほとんど及ぼしてはいなかったのであり、そのことは、地中海を横断する商業の断絶をアラブ人の征服と関連づけた有名なアンリ・ピレンヌの学説を拒絶するよう促すものである。小アジアは、ヘラクレイオスの治世にペルシア軍によってひどく荒廃させられていた。論争の的になっているひとつの問題が残されている。都市がおかれた状況は、攻囲やさまざまな軍事作戦の直接的影響を都市ほどは受けなかった農村部の実態を、どの程度、反映していたのだろうか。交易は、文書に記録を残すことなく、物々交換の形で継続させることが可能だった。もしそうではなかったとしたら、帝国がいかにして自らの軍隊を再編し、兵員の徴募を行い、彼らを給養したのかがよく分からなくなるだろう。たとえ、そうした軍隊は、ムスリム軍に対して長い間、数的に劣勢だったとしても。

Ⅱ　再設計された帝国

1　ローマ帝国を復元する？

五二七年にユスティニアヌスがその治世をスタートさせたとき、彼の野心的な再生プログラムは、国制のレヴェルと対外政策上の計画、両方同時に取りかかることが想定されていた。

国内の「刷新《レノヴァティオ》」は、法律の刷新を通じて行われた。その領域は、優れて皇帝権力によって称揚されているのである。『テオドシウス法典』のように過去の法典が公刊されていたとはいえ、ローマ法は、おびただしい数の勅法があり、法学者によるそれらの解釈が統一されていなかったことから、複雑で部分的には一貫性を欠いた集成物の体を成していた。ユスティニアヌスは、トリボニアヌスが主宰する委員会を招集し、後者は数年後には『ユスティニアヌス法典』、『学説彙纂《ディジェスタ》』（法学者の注釈集）、『法学提要《インスティテュティオネス》』（学生用手引き書）の公刊に至った。ユスティニアヌスは彼の法典を『新勅法』によって完成させることになるが、それは、初めてその大部分がギリシア語で公布された。属州では引き続き現地の法令が使用されていた。ユスティニアヌスの栄光は彼の法典編纂事業に負うところが大きく、それらはイサウリア朝の『エクロゲー』、マケドニア朝の『バシリケー』といった後世の法典の土台として用いられ、さらにそののち、十一世紀にイタリアで再発見されて、西欧の近代法学発展の道を整えたのである。離婚のための条件は厳しくなったにせよ、夫や父親の権利との関係において妻や子供の境遇は改善されている。身体刑は軽減され、奴隷の解放は奨励された。

　ユスティニアヌスが西方に対して攻勢に出ることを決断したとき、帝国は強大で富裕であり、一方、西方の蛮族諸王国は互いに孤立させられており、ニカイア信条を奉じる多数派住民に対して彼らはアリウス派を信奉していたために国力が弱められていた。皇帝は、ペルシア人に対しては平和を金で贖い、バルカン情勢については過度に不安がらないことと決意して、地中海をローマ帝国の湖とし、帝国に古代の首都であるローマを復帰させることを願った。五三三年、彼は配下の将軍たちの反対を退け、アフリカのヴァンダル王国を攻撃するという賭けに出た。同王国はかつてローマを劫掠し、四六八年にはバシリスコス〔皇帝レオン一世の皇妃ヴェリナの兄弟。軍司令官として対ヴァンダル遠征を指揮した〕の強力な軍隊の上陸作戦を撃退したためにひどく恐れられていたのである。遠征軍を指揮する任務を与えられた新鋭の将軍ベリサリウスはカルタゴ付近に上陸すると、数週間でヴァンダル勢力を排除した。アフリカ・プラエフェクトゥス管区が再設置されたが、平和と一定の繁栄を享受できるようになるには、数十年にわたるベルベル人との断続的な戦争が必要だった。

　この成功とテオドリックの死後に続く王家の内部分裂に勇気づけられて、ユスティニアヌスはベリサリウスを東ゴート王国に派遣した。同将軍は難なくシチリアを奪回したのち、ナポリを通過してローマに攻め上り、五四〇年、最終的に王国の首都であるラヴェンナに入城した。戦争は、ペストのせいで軍

地図2　ユスティニアヌスの帝国

隊が混乱に陥ったことと、新たな指導者トティラに率いられた東ゴート軍の猛烈な反撃のために長期化し、ビザンツ軍はトティラによってあやうくイタリアから追い落とされるほどであった。ユスティニアヌスは宦官のナルセスに強力な軍隊を委ね、後者はローマを奪還し、五五二年にトティラを打ち破り、五六二年に北部に最後に残された要害であるヴェローナとブレシアを陥落させた。ユスティニアヌスは国事詔書《プラグマティック・ザンクション》を発してイタリア・プラエフェクトゥス管区を再編し、元老院議員の自由と財産を保障すると共に、徴税権の濫用を回避することを約束した。

他方、西ゴート王アギラに反乱を起こした勢力に招かれたビザンツ当局は、小規模の軍隊を上陸させ、同軍は王国南東部のバエティカ地方に居座った。

ユスティニアヌスの政策はしばしば非難されている。同皇帝は、アウグストゥス時代の栄華にローマ帝国を再興させようとする意向があったと見なされており、より具体的には、財政手段と人員不足のためにローマ軍の兵力は縮小され、六〇〇年前後にせいぜい一五万人に届くかどうかといった程度だったにもかかわらず、帝国の国境地帯を拡大させたと非難されている。これらの批判は根拠のないものとはいえず、ユスティニアヌスは、古典古代ローマの偉大さに取り憑かれていたのは確かだが、その目標は限定的だったように思われる。かくして、フランク人に対しては、彼は同盟政策を進めることで満足している。さらに、征服事業に取りかかる際にも、五四二年のペスト流行とそれが人口や経済に及ぼす影響は予測できるものではなかった。ゲルマン民族の侵略からはかなりの部分が免れていたイタリアは、

記念させるために新たな都市を創建し、その重要性については比類ない数百もの実に多様な防備施設が彼の主導で建設された。しかしながら、イリュリクム・プラエフェクトゥス管区は優先される位置にはなく、軍勢はイタリアや東方で戦うために徴募されていたのである。

五八二年、バルカン半島への侵入ルートを制していた戦略的都市シルミウムがアヴァール人に奪われた。このとき、スラヴ人はギリシアを踏破してペロポネソスにまで至ることができた。彼らは何波にも渡って大挙して襲来し、とりわけテサロニケ周辺の地域に定着して、テサロニケ市を五八六年、次いで六一八年に攻囲したが攻略することはできなかった。『聖デメトリオスの奇蹟《ミラクラ・デメトリイ》』の明らかに誇張された証言によれば、住民たちは、自分たちの都市の防衛任務を彼ら自身と彼らの守護聖人デメトリオスに委ねていた。どんどん吊り上げられる貢納金を支払ってもアヴァール人の進軍は止められず、それにブレーキがかかったのは、唯一、皇帝マウリキウスが反撃に出て、ドナウ国境を開放したときだけであった。しかるに彼は、六〇二年、軍隊にドナウ北岸で越冬するように命じたとき、軍に打倒され、殺害された。

ペルシアとの戦争のためにビザンツの兵力が東方に動員されると、アヴァール人はスラヴ人の補助部隊を伴ってコンスタンティノープルにまで進軍し、六二六年に同市を攻囲した。しかし、アヴァール人は撃退され、彼らの帝国は崩壊した。彼らの影響力に制限を加えるために、ヘラクレイオスは、「バルカン」半島北西部にセルビア人とクロアチア人を定住させた。スラヴ人はなおも拡大を続け、ギリシア全域に広がった。スラヴ人の侵略がギリシアの住民構成に及ぼした影響については、歴史家の間で論争があった。今日では、ビザンツ艦船がアクセスできたエーゲ海の島嶼や沿岸地域はスラヴ人の占領を免れ、ギリシア系の避難民を受け入れ、帝国の行政組織を維持していたことが認められている。さらに北方では、エグナティア街道がデュラキオンとテサロニケの間で通行不能になっていた。また、同様にテサロニケとコンスタンティノープルの間も寸断されていた。ダルマティア海岸に関しては、スプリトやザダルのようなラテン系住民がいた孤立した拠点は保たれていたが、これ以後はスラヴ人の大群によって地中海のギリシア語圏はラテン系の部分から切り離された。古代から継承していた都市のネットワークは、こうしたスラヴ人の征服によってほとんど完全に破壊された。しかるに、農耕民であるスラヴ人が定住したことでバルカンの農村人口には活力が与えられたが、その比率については論争が続いている。

　歴代のビザンツ皇帝は、東方の情勢に余裕が生まれるや否や、交通上の幹線を再開させることに努めた。六六二年に首都を離れたコンスタンス二世は、テサロニケに至るのに海路を使うことを強いられ、次いでアテネ、コリントスを経由するルートを辿った。翌年、彼は、パライオロゴス朝以前において、「古いローマ」に赴いた最後のビザンツ君主になった。侵略を免れていたシチリアに彼は滞在し、六六八年に同地で暗殺された。バルカン半島にビザンツ権力を再建する事業は、同半島にハーン〔中央アジアなどの騎馬民族の族長・君主が用いた称号〕のアスパルフに率いられたブルガール人が到来したことによって危殆にさらされた。アスパルフは六八一年にドナウ川を渡り、コンスタンティノス四世〔の軍」を撃破している。同帝は彼らがハイモス山脈とドナウ川の間の地を領有することを認め、彼らに貢納金を支払うことになった。これ以後、プリスカの周囲に樹立されたこの新生国家は、バルカン半島をビザンツ人と分け合ったのである。しかしながら、ムスリムとの関係とは異なり、敵対関係は恒常的なものではなく、ブルガール人はコンスタンティノープルの前面のアラブ軍に対抗するための支援を提供した。

スラヴ人に対しては数回の遠征がなされ、六八八年のユスティニアノス二世の遠征では多くのスラヴ人が捕囚にされ、同帝によって小アジアに移送された。また、エイレーネーの摂政期間である七八三年にもスタウラキオスの遠征がなされた。これに伴い、行政組織が再建され、ヘラスとペロポネソス、次いでニコポリスのテマ〔本書六六頁を参照のこと〕が新設された。しかしながら、前進は極めて緩慢であり、トラキアが真に解放され、一新された要塞のネットワークで守られるようになるのはコンスタンティノス五世を、そしてペロポネソスが平定されるのは、パトラス周辺のスラヴ人の反乱が失敗に終わったのち、ニケフォロス一世を待たなければならなかった。

3　最後の「古代大戦」

ペルシア人とビザンツ人は長年にわたりアルメニアの支配をめぐって対立していた。アルメニアは、大部分が国民的教会に属すキリスト教徒だが、ペルシア文明の影響下に生きる人々が居住していた。ときにペルシアはアナトリアやメソポタミアにアクセスするルートを押さえていた。国境地帯は双方からしっかりと要塞化されており、六世紀において、敵対する両陣営は、それぞれ有能なアラブ人補助軍、ビザンツ側はガッサン朝、ペルシア側はラクミド朝のそれによって支援されていた。戦争は、五四〇年にペルシア軍がアンティオキアを占領するといったこともありえたにせよ、通常は彼らに影響を及ぼす範囲に限定されていた。七世紀初頭、ペルシア人が敵対行為を再開させた。ホスロー二世は、帝国の内紛を見てとると、決定的打撃を加える好機が到来したと確信した。皇帝フォーカスはヘラクレイオスの反乱に対応しなければならなかったとはいえ、ビザンツ軍は東方において頑強に抵抗しており、それは軍事組織がしっかりと保持されていた証しである。しかしながら、六一〇年にヘラクレイオスがフォーカスを打倒したとき、新しい君主はペルシア軍の進撃を止められないことが判明した。ペルシア軍は数年のうちにシリア、パレスティナ、エジプトを奪取した。六一四年のイエルサレム喪失は、住民が虐殺され、真の十字架が戦利品としてクテシフォンに持ち去られたために、最も痛ましい出来事と感じられた。ペルシア軍は、コンスタンティノープルにまで前進し、小アジアの多くの都市を掠奪し、焼き払った。

　ヘラクレイオスは、最も豊かな属州を失ったことにも落胆せず、総主教セルギオスの同意を得て地金にされた教会財産を用いて軍隊を再編した。キリスト世界を救うことがかかっていたからである。六二六年、彼は、アヴァール人とペルシア人に攻囲されていたものの、強力な守備隊と誰もが知る都の守護者、聖母のイコンに守られた首都からあえて離脱した。聖母のイコンは城壁上を巡行した。攻囲軍は撃退され、ヘラクレイオスは、カフカス北部に定住していたトルコ系民族ハザール人の支援を得て、メソポタミア地方の深部まで侵攻し、ペルシア軍を粉砕し、クテシフォンにおいて宮廷クーデタを惹起させることに成功した。これによってホスロー二世は廃位された。皇帝は、ペルシア王位交代の裁定者となり、東方を占領していたペルシア軍の撤退交渉を行うことができた。ヘラクレイオスは、敵対する軍勢を壊滅させることなく、全面的な勝利を収めた。そののち、数年間は幸福で楽観的な気分が支配的であった。皇帝は厳かにイェルサレムに赴き、六三〇年五月、「真の十字架」を受領した。彼は、イェルサレム陥落の際に敵に協力したユダヤ人を処罰した。彼は、シリアの単性論派やペルシアのネストリウス派と交渉することで、キリスト教徒の統一を回復することに期待を寄せた。ペルシア人の王も改宗するという噂が耳にされていたのだ。

皇帝は単性論派に接近することを望んでいた。彼は、六三八年に公布した信仰に関する法令「エクテシス」によって、キリストが神人両性を有することを放棄せず、彼の単一の意志を強調して、キリスト単意論をめぐる大混乱を引き起こした。それは単性論派とカルケドン派、いずれにとっても、そしてとりわけローマ教会にとって、満足のいくものではなかった。彼の後継者コンスタンス二世は、西方に避難していたパレスティナの修道士、「証聖者」マクシモスの非妥協的な態度と衝突した。後者は、六四九年のラテラン教会会議において、この教義を断罪するよう教皇マルティヌスを焚きつけたのである。マクシモスは、教会会議において再統合した教会の専権事項である教義決定権を行使することを望んでいる、と皇帝を激しく非難した。この混乱は、六八〇—六八一年、コンスタンティノス四世によって主宰され、コンスタンティノープルにおいて開催された〔第三回〕公会議においてしか決着を付けられなかった。同帝は単意論を断罪するが、それは、アラブ人の支配下に入った単性論派の支持を得る必要がもはやなくなったために、いっそう容易なことになっていた。

4 アラブ・イスラーム軍の襲来

アラブ軍の最初の襲撃が発生した東方属州では、苦労して行政機構や軍隊の一部が再建されたばかりだった。アラブ人は、つい最近に預言者ムハンマドによって説かれた宗教——その目新しさをビザンツ人は認識していなかった——の周囲に統合され、パレスティナに侵攻し、同地で勝利を得て、ダマスカスへと通じるルートを開いた。取るに足りない兵力しかなかった現地駐屯軍ではこれに対処することができなかったため、ヘラクレイオスは、帝国で唯一の野戦軍を投入したが、同軍は六三六年八月にヤルムーク川（ヨルダン川の支流）畔の会戦においてほとんど完全に壊滅させられた。皇帝は失われた兵員を補充するための予備兵力をもはや有してはおらず、彼の許に残された部隊を無益な戦闘で損耗させることを望まなかったため、彼はそれをアナトリア方面に撤退させた。ダマスカス、イェルサレム、アンティオキア、パレスティナのカイサレイアは短期間の攻囲戦と、征服者と住民との間の協定締結を経て、順次開城していった。それ以後、住民たちは帝国の迅速な救援を一切期待することができなくなった。もはやエジプトの征服に異を唱えるものは皆無であり、同地は、六四一年、その地を守っていた小規模のビザンツ軍、およびなかんずくアレクサンドリアの頑強な抵抗も及ばず征服された。アレクサンドリアが例外的な存在になったのは、皇帝が総主教キュロスに全権を委ねていたからである。

　これ以後、ヘラクレイオスの一切の功業は失われてしまったが、とはいえ、この君主は、コンスタンティヌス、ユスティニアヌス、バシレイオス二世と並んで、最も偉大な皇帝の一人としてビザンツ人の万神殿に留められている。テオドシウス以降では、彼は、戦場において軍隊の陣頭に立って指揮した最初の皇帝であり、また、「バシレウス」（皇帝）という称号を公式の添え名として採用したのも彼だった。それは、中央政府がもっぱらギリシア的な特徴を帯びるようになったことを象徴する変化だった。

　同時にペルシア帝国に対しても征服事業を進めていたアラブ人は、メソポタミアへ、次いでアルメニアへと進軍した。そこでアルメニアの元首は、交渉によって協定を結ぶことを決意したのであり、その取り決めによって、彼は、貢納金を支払うことはしないが、ビザンツ人に対して差し向けられることはない、という条件付きで補助軍を提供することになった。アラブ人は、ビザンツ人が放棄した造船施設を活用し、島嶼部、キプロスやロードス島への攻撃に乗り出し、六五五年には帝国艦隊を潰走させた。

　カリフのアリーと、征服地シリアの総督ムアーウィヤの間の内戦によって、ビザンツ人はどうやら救われたようである。この内戦は、シーア派とスンニ派の分裂に発展し、数年間、侵略軍の勢いを削いだ。六六一年にムアーウィヤが単独のカリフになると、彼は、コンスタンティノープルに対する最終的な攻勢を準備し、堂々たる艦隊を編成し、息子のヤジードを強力な軍隊と共に送り出した。その軍勢は、目立った抵抗もなく小アジアを横断し、六六七―六六八年にビザンツの首都を短期間封鎖した。当時、皇帝コンスタンス二世は、帝国の西方領を再編するためにシラクサに居住していた。彼はそこで六六八年に暗殺された。若年のコンスタンティノス四世は、六七三―六七四年に敵の大艦隊を撃滅することでしっぺ返しをするのに成功したが、その際に「ギリシアの火」という新兵器の助力を得ていたようである。その武器は、シリア人技師カリニコスによってもたらされていたのである。

コンスタンティノープルに対する脅威を退けたことは、アラブ軍の進撃を止める第一撃を画すものであり、このことは、とりわけバルカン地域に多大な影響を及ぼした。バルカンの現地首長たちは皇帝に祝意を示すために出頭し、それはビザンツ人に自信を取り戻させた。というのも、ムアーウィヤは、〔ビザンツに〕貢納を支払うことすら受け入れることになったからである。東方にビザンツ人が復帰するのももはや論外のことではなくなったように思われた。コンスタンティノス四世の息子のユスティニアノス二世は、ムアーウィヤの死後、ウマイヤ・カリフ国家内に重大な騒動が発生したとき、好機が到来したことを確信した。ユスティニアノス二世は、配下の軍を多数のスラヴ人徴集兵で強化したのち、アルメニアに向かって進軍し、同地を帝国の権威の下に復帰させようとしたが、六九二年に手ひどく打ち破られた。

この敗北によって、アラブ人は再度、長期にわたって優位性を与えられた。彼らはすでにアフリカにカイルーアンという拠点を築いており、そこからベルベル人の幾つかの部族を改宗させ、支持を得ることができ、多少、困難なところはあったにせよ、属州の残余の部分を征服した。というのも、他のベルベル人は最終的に撃破され、カルタゴは、帝国艦隊が支援のために派遣されたにもかかわらず、六九八年に決定的なかたちで陥落したからである。東方では、長期間にわたって争奪の対象になっていたキリキアが失われ、アルメニアは、アラブ人の総督が駐在する属州になった。国境は数世紀にわたってタウロス山脈に定められ、そこは大部分が無人化されていた。アラブ軍は何度か繰り返しカッパドキア台地に足を踏み入れることはできたにせよ、そのつど撃退された。

アラブ人は新興宗教特有の熱情を示すことはなく、征服した領域を第一に富を築くための最高の源泉と考えていた。ただし、おそらくイェルサレムについては例外であり、その町はムスリムの伝承において重要だった。この征服の際に東方キリスト教世界内部の宗派紛争が何らかの役割を果たしていたようには思われない。個人が改宗するのは歓迎され、それは徐々に増大したが、とりわけ、かつてペルシア軍と対峙したヘラクレイオスのような、ビザンツ皇帝の再来はないだろうと旧来のエリート層が悟ったときには、そうした動きは増進した。同様に、アラビア語が普及したことに乗じて、ウマイヤ朝カリフのアブド・アルマリク（六八五―七〇五）は、一切の肖像を排除して『コーラン』の章句を刻んだ自前の通貨ディナールを発行し、それはこれ以後、ノミスマ金貨と競合した。さらに彼は行政業務のアラビア語化を命じ、それが成功を収めたことは、エジプトのパピルス文書資料が廃棄されたことで証明されている。

コンスタンティノープルに新たな攻勢を仕掛けるのは、皇帝権力がぐらついているときが最も効果的であるように思われた。権力の座から追われたユスティニアノス二世は七〇五年に復位したが、七一一年に再度打倒され、彼の家族共ども虐殺され、ヘラクレイオス王朝は終止符が打たれた。数年の間に何人もの皇帝が、陰謀とクーデタがうち続くなか、帝位を継承している。イスラーム勢力は、アナトリコンのストラテーゴス〔テマ長官〕、「イサウリア人」レオンの反乱を当てにして、新たな遠征の準備を整えた。レオンはアラブ人を欺き、七一七年春、敵軍が到着する前にコンスタンティノープルに入城した。七一七―七一八年の一年間、大艦隊と膨大な軍隊が都を厳重に攻囲したが、特段に厳しい冬の到来やブルガール軍による背後からの攻撃、艦隊の一部を喪失したことなどが引き金になり、攻囲軍は撤退した。

この最後の蹉跌は重大な結果をもたらした。というのも、ムスリムは、ペルシアとビザンツという既知の世界を統合し、彼らの信仰の優越性を立証することを望んでいたのに、キリスト教帝国の存続を容認せざるを得なくなったからである。「新しいローマ」の無敵の城壁を前にしたこの耐え難い敗北の結果、彼らはいっそう東方に目を向けるようになり、そうした展開は七五〇年にアッバース朝が登場したことで裏付けられたのである。彼らは権力の中心をダマスクスから、彼らの支持基盤に近いイラクに移し、その後、まもなく同地にバグダッドが創建された。それは、コンスタンティノープルを世界的カリフ国家の首都にすることを断念した証拠であった。

IV　ムスリムの挑戦に対する応答

1　精神の動揺

カリフ国家が発展した並外れたスピードは現代の歴史家たちを常に驚かせているが、そのことは同時代人にも問いかけられていた。ムスリムは、こうした一連の大勝利は彼らの神の支持とムハンマドの預言者としての啓示が真正であることを立証するものであると見なしていた。このような説明は、キリスト教徒には、〔イスラームへの〕改宗者でない限り、受け入れられるものではなかった。改宗者は、ごく限られた数ではあったが、存在した。唯一の受け入れ可能な理由は、神は民をその罪のゆえに罰したのだ、というものだった。そこから分析は枝分かれして、ヤコブ派やコプト教会は、皇帝が彼らを虐待したために懲罰を受けたのだと考え、一方、カルケドン派は、東方の諸属州が侵略の犠牲になったのは、そこに異端信者が居住していたからだと判断していた。

同時代の学者たちは、時として古代の著作に提示された弁明に従った。実際、アラブ人は、いかなる新兵器からも、また不意打ちの効果からも恩恵を受けてはいなかった。というのも、ビザンツ側でも、ペルシア側でも、アラビア半島の同族たちから国境地帯を防衛していたのは彼らだったからである。彼らの唯一の利点は、彼らが中央に立地しており、どこの前線であれ、迅速に増援部隊を派遣することが可能だったことである。また、学者たちが仮説として提示しているところによれば、アラビア半島は、打ち続くペストの大流行から免れており、それがアラブ軍に数的優位性を与えたということである。しかし、この説には確たる証拠が欠けている。そこで、ビザンツ側の抵抗が弱められたのは、議論の余地のない宗教的分裂という側面に求められることになった。現地住民がアラブ軍を歓迎したというわけである。また、シリアとエジプトが地域の独自性を発展させ、ギリシア語を捨て、シリア語やコプト語を主に使用するようになっていたのは事実であり、そのことは帝国からのそれらの離脱を予測させるものでもあった。議論の余地なく、単性論派の高位聖職者の一部は、初期段階において、新来の人々を歓迎した。後者〔ムスリム勢力〕は、旧来の行政当局者とは異なり、カルケドン派――以後、メルキト派と呼ばれるようになる――を優遇する何の理由も有してはいなかった。そのことから、場合によっては、エデッサにおけるように、以前に接収されていた教会を彼らが回復することが可能になったのである。

しかしながら、征服以前にコンスタンティノープルに対する忠誠心が東方において衰弱していたと断言させるようなものは何もない。単性論派が存在するという事実は、新体制への支持を導くものではなかった。ガッサン朝軍の一部は単性論派であったが、ヤルムークの会戦においてビザンツ側に味方して敗北した際、勝者の陣営に転じるよりもカッパドキアに退去することを選んだ。アラブ人は、ビザンツ・ペルシア戦争という彼らに提供された歴史的な好機を摑むことに成功したのである。この戦争によって二つの帝国は著しく弱体化させられたのであり、また、両交戦国の監視の目から彼らを自由にしたのである。それまで両帝国は、アラブ諸部族の統一が決して実現しないよう細心の注意を払っていたのだ。

2　財政と軍事の適応

帝国財政は、必然的に東方における敗北の余波を受けた。というのも、税収の最大部分と、そして明らかに備蓄貨幣のそれが失われたからである。しかるに、帝国の存続が問われているときでも、軍隊の必要物はなおざりにすることはできなかった。事態に適応し、最も安上がりな解決法を探求する必要があった。正貨で定期的に俸給を支払うことが前提となる傭兵制は実質的に放棄された。ヘラクレイオスは、東方のマギステル・ミリトゥム配下の軍隊の撤退を命じ、その数年後にはアルメニアに駐留していた軍隊も小アジアに呼び戻された。首都のエリート将兵も、属州駐屯部隊、とりわけビテュニアのそれに分散配置された。戦闘員は、もはや、ごく稀にしか金貨で俸給を受け取らなくなり、おそらくそれは四年ごとだった。しかるに彼らは、農民が明らかに現物で納めていた租税によって、直接的に給養されていた。租税の受益者は納税者の近くにいる必要があった。というのも小麦やその他の穀物は、海上ルート以外では、輸送コストがかさんだからである。そこに、アナトリア領域の全土に人員が分散していた理由が見出されるであろう。だが、この解決策は、軍事的な面ではむしろ不都合であったことが判明した。というのも、アラブ襲撃部隊に対して軍の動員をかけるのに、この事実から非常に手間がかかったからである。

新兵を徴募する必要があったときには、戦闘員——軍務は世襲化されていたので、往々にして古参兵の息子だった——の召集は、テマと称された新しい管区の枠組みの中で実施された。それらのテマは、迎えられた部隊がかつて駐屯していた地域の名称を帯びていた。テマ・アナトリコン（オリエンス）、アルメニアコン（アルメニア）、オプシキオン（オブセクイウム、近衛兵）等々。より巧みに危険に対応するために軍民両権を併せ持ったストラテーゴスが、テマの長官として任命され、かつてのマギステル・ミリトゥムに取って代わっている。徐々に民政機構の残余の部分がテマに合わせて形成されていくが、そうしたテマは、ストラテーゴスが反乱に際しては極めて強力であることが明らかになり、またローマ時代以来の古い属州が八―九世紀の間に消滅したために、コンスタンティノス五世以降に再分割された。アラブ軍の脅威が顕在化した際には、シチリアのような新しいテマが創設された。あるいはペロポネソス、次いでヘラス（ギリシア中央部）のように、帝国が、侵略を受けた地域を再編する場合も同様である。艦隊も同じ原理に従って再配置された。水兵、カラビジアノイのテマの後を複数の海軍テマが継承し、その筆頭は、小アジア南西部、アッタレイア周辺のテマ・キビュライオータイであった。

この経済システムによって、帝国は、攻撃側の兵力と比べれば不十分であったにせよ、単なる農民兵ではない、訓練を積んだ相当数の兵士たちを維持していたのである。この数世紀の間に二つの変革が姿を現した。一方においてテマタ〔テマの複数形〕の兵士たちは徐々にその地域に根を下ろしていた。というのも、彼らが受け取った僅かな正貨でも、土地を購入したり、彼らを迎え入れた在地名望家の子女と結婚したりするのには十分だったからである。他方、首都の近郊属州において経済が蘇り、貨幣流通が増大させることが可能になると、コンスタンティノス五世とその後継者たちは、改めて租税を正貨で納めるよう要求したり、常に動員可能で、しばしば彼らに献身的な傭兵軍、タグマタを再編したりすることが可能になった。

七一八年当時、帝国は二世紀前のそれと極めて異なるものになっている。一時的に深刻な危機に見舞われたにもかかわらず、明らかに幾つかの制度は良好に保たれていた。皇帝権は最近の勝利によって精気を取り戻しており、ノミスマ金貨は純金を保ち、かつての東方プラエフェクトゥス管区に縮小したとはいえ、安定した行政機構を有能な官職者たちが維持していた。残りの部分については、そのコントラストは強烈である。帝国はとりわけ小アジアのまわりに集積されている。そこでは、イタリアを除いて、ほとんどもっぱらギリシア語が話されていた。アラブ人の目には、それは、根本的に農村的で、生気のない商取引に限定され、著しく軍国化されているように見えた。アレクサンドリアとアンティオキアを失い、テサロニケが孤立したのちには、もはや大都会として数えられるのはコンスタンティノープルしかなかった。そのうえ、帝都もアナスタシオスの時代と比べればごく僅かの住民しか収容しておらず、それはおそらく五分の一以下になっていた。しかしながらそれはローマ帝国の首都としての様相を守っており、名望家たちは、三世紀以上前に建てられた宮殿に引き続き居住している。元老院議員はその富によって支配的な社会階級として見なされることはなくなり――すでにユスティニアヌスは、過大だと判断した財産を没収していた――単に最上位の官職者集団になっており、その政治的な役割は、軍隊の優位の前に影が薄くなっていた。議論の余地なく、ユスティニアヌスの時代以来、社会的流動性は加速されており、それに続く世紀の大惨事によって、幸運な軍人やあらゆる出自の外国人に好機が開かれていたのである。宗教の面では、帝国は、単性論派がカリフの支配下に移ったために前より均質になった。皇帝を含めて帝国の住人たちは自分たちの未来について確信が持てないままであり、聖人やその聖遺物、彼らの図像を介して、かつてないほどに神にその身を委ねている。

第三章　帝国の復興（七一八―一〇五七）

首都の城壁と防衛部隊と住民たちの頑強な抵抗のおかげで滅亡を免れたのち、ビザンツ帝国は活力を増進させ、ムスリム軍の攻撃に対して反撃に出るのに十分な能力を取り戻している。神に加護されているという確信は徐々に強まり、一方、十世紀には帝国軍は、東方において、次いで西方においても主導権を取り戻し、その後、十一世紀の半ばには国境はドナウ川沿岸とユーフラテス川の対岸にまで及んだものの、物質的諸条件が改善するのはゆっくりだった。

I　イサウリア朝からアモリア朝へ

1　聖像論争

七一八年の勝利によって簒奪者レオン三世の権力は強固なものになったが、引き続きアラブ軍はアナトリアの奥深くまで侵入を試みており、七二七年には、首都を守るアジア側のテマ、オプシキオンの首府ニカイアがあやうく陥落しかけるなど、情勢は困難なままだった。サントリニ島の地震とそれに続く破壊的な津波は、神の怒りが常時、キリスト教帝国を襲っていたことを暗示していた。けれども、皇帝がキリスト単意論を放棄して以来、一切の異端は姿を消しており、また、神は不正たり得ないので、皇帝はビザンツ人の宗教的慣行が神の怒りを惹起しているのかと自問していた。

聖画像の崇拝は、ずっと以前から一部の聖職者の敵意を呼び起こしていた。そうした人々は、神を表現することが聖書で禁じられていたことを根拠にしていた。しかしながら、極度の危難に臨んで、聖母のイコンを先頭にして行列が進み、「神の母」に彼女の都市を守護してくれるよう呼び求められた際には、教会は暗黙のうちにそれを承認していたのである。しかるに、その同時代人として、大いなる敬虔さの持ち主であったレオン三世には、こうした崇拝が度を過ぎた様相を帯びているように見えていた。イコンについたホコリは治癒力があると見なされ、親は自分の子供に「代父」としてイコンを与えていた。偶像崇拝で穢された、それらの崇拝や行き過ぎを取り除くことで、神の憤怒を鎮静化させることを皇帝は期待していたのである。七三〇年に皇帝宮殿で開催された荘厳な集会において、君主は公式にこうした崇拝を断罪し、かくして聖像論争と称されるものが開始された。

イコノクラスム——文字通り、画像、つまり、いかなる素材であれ、キリスト、聖母、聖人たちが表現された一切の作品を破壊する行為——の初期の歴史は、ほとんど未解明なままである。というのも、それには聖画像の擁護者（イコン愛好派）の論争的な著作しか依拠することができないからである。イコン愛好派は、イサウリア朝諸帝に好意的な著作をすべて廃棄してしまった。レオン三世の決定に対する反発は、当初は極めて抑制的なものに留まっていた。総主教ゲルマノスは辞任し、静かに修道院に隠遁した。教皇グレゴリウス二世は、これに抗議した。西方においては図像との関わり方が異なっており、聖書の素朴な挿絵が文盲の信徒を教化するのに用いられていたのである。教皇庁は、レオン三世が彼らからテサロニケとイリュリクムを取り上げて、それをコンスタンティノープル総主教に帰属させて、宗教上の境界線を政治的なそれと一致させた際にいっそう反感を強めた。レオン三世は、死ぬ少し前の七四〇年に息子のコンスタンティノス五世と共に、アクロイノンにおいてアラブの大軍に対して明確な勝利を挙げた。その結果、カリフ国家においてウマイヤ朝とアッバース朝の内戦が発生したために、いっそうビザンツの地位は長期的に強化された。

イコノクラスムが好戦的形態を帯びるようになるのは、確固たる神学家コンスタンティノス五世の治下に至ってからのことである。同帝は、個人的な立場から聖母や聖遺物の崇拝を非難し、イコン崇拝に執着する修道士たちを攻撃した。彼は、自分の選択が正しいことを証明するためにブルガリア人やアラブ人から獲得した勝利を拠り所にしていた。それ以来、聖像論争の展開は帝国の対外情勢と強く結び付けられることになった。帝国軍の勝利は、神に支持されていることを証明するものなのである。七五四年、コンスタンティノープル近郊、ヒエレイア宮殿で開催された教会会議において、イコン崇拝を拒否するというコンスタンティノス五世の見解はビザンツ主教団の大半によって追認された。この教会会議の結論はローマ教会には拒絶された。

イコン崇拝派は激しくイサウリア朝皇帝を攻撃した。レオン三世は、その思想が、神格を表現することに伝統的に反対していたユダヤ人やムスリムのそれを引き写していると非難された。コンスタンティノス五世も、洗礼時に聖水を穢したと非難され、そのためにコプロニュモス〔糞ったれ〕という綽名を付けられたのであり、彼の軍事的成功の重みについては異議申し立てがなされた。宗教的な反対と政治的な反乱ははっきりとは区別がつかず、そのことから、大迫害について語ることはできないにせよ、数人の反対者を処刑するに至った。そのなかでも最も著名だった小ステファノスは、七六五年にコンスタンティノープルにおいて兵隊や群衆によって虐殺された。

しかしながら、七八七年、コンスタンティノス五世の息子の嫁で摂政の女帝エイレーネーは、公会議を招集した。この会議は、かつての主君であるコンスタンティノス五世に忠実な軍隊の抗議のせいで首都では開催できず、ニカイアにおいて開かれた。そこにおいて七五四年の決議は断罪され、ヨハネス・ダマスケノスの著作に依拠して、聖画像の崇拝が初めて教会の公式教義に導入された。ムスリム支配下のイエルサレムに暮らしていたこの神学者は、イコン排斥派の非難に反駁する自由があった。このような急転換が可能になったのは、エイレーネーがコンスタンティノス五世の信奉者たちの後見から免れることを望み、ビテュニア地方にしっかりと定着していた、コンスタンティノープルの古い貴族家系出自の修道院集団を拠り所にしていたからである。後者は、首都から逃れ、年代記作家の証聖者テオファネスのように、〔ビテュニアの〕オリンポス山を聖なる山にしていた。

七八七年以降、歴代の皇帝は一連の軍事的蹉跌を記録に刻んだ。ハールーン・アッラシードは、まだバグダッドの皇太子だったとき、遠征軍を率いてビテュニア地方のマラギナに到達し、帝国の大厩舎を焼き払った。ニケフォロス一世は、カリフになったハールーンに対して、自分と息子の分の人頭税を支払うという恥辱を被った。ブルガリア軍はコンスタンティノス六世を撃破し、次いで八一一年、戦場に留まっていたニケフォロス一世に痛烈な打撃を加えた。そしてブルガリアのハーンであるクルムは八一三年にコンスタンティノープルを攻囲するためにやってきた。そのような失策のために、〔帝国の〕兵士たちは、敗北を挽回し、首都を解放するために、アナトリコンのストラテーゴスである「アルメニア人」レオン五世を帝位に就けるよう駆り立てられた。この任務を果たしたのち、レオン五世は、八一五年の教会会議のさなかに、総主教ニケフォロスが何人かの府主教の支持を受けて反対し、首都の大家門の出自であり、コンスタンティノープルにおいて最も名高い修道院ストゥディオスの修道院長であるテオドロスが拒否したにもかかわらず、ヒエレイアの教会会議の決議の効力を復活させることを決断した。

イコノクラスムは、テオフィロスという人格に最後の支持者を見出した。彼は、先達であるコンスタンティノス五世を模倣することに熱心だったが、彼のムスリムとの戦いは、八三八年、王朝発祥の地であり、当時、テマ・アナトリコンの首府だったアモリオンの無惨な陥落で終わりを告げた。第二回イコノクラスムに決定的かつ迅速に終止符を打ったのは、またしても女性、すなわちテオフィロスの寡婦テオドラだった。というのも二つの陣営の立場は接近していたからである。聖画像の崇拝は、八四三年三月十一日、大斎《たいさい》の最初の日曜日に決定的に復活を遂げた。その日は、東方の伝統において「正統信仰《オルトドキシー》の日曜日」になった。

イコノクラスムの意義については、散々問いが重ねられている。そこに、ムスリム軍に対する主たる防壁を形成し、反イコン的な伝統を有していた小アジア住民の歓心を得ようとする皇帝の配慮を見る向きがある。一方、バルカンやイタリアは、イコン崇拝に好意的だったというのである。ところが、イコン崇拝派は小アジアに避難先を求めていたことが確認されており、他方で、西方、たとえばナポリにおいてイコノクラスムの痕跡が明らかになったと思われている。皇帝の確固たる支持を受けていた教義は一定の利点を有していた。コンスタンティノス五世によって選抜された軍隊は、当然のことながら、同帝没後も彼の宗教的な嗜好性を保持していた。おそらく、兵士たち内部の対立を見て取ることができただろう。彼らは、たとえ守備隊として首都に居住していたとしても往々にして属州出身者であり、その大半がイコン排斥派だった。しかるに首都のエリート層はイコン愛好派により好意的だった。また、現存している史料の性質のために、こうした紛争の重要性を過大評価している可能性もある。それは確かにエリート層を動員することはできたが、民衆層は全体としては、当時、別の優先事項、なによりも安全を回復する、といったそれを有していたのである。最後に、イコン愛好派の最終的な成功は、教義を決定するのに参与しようとする皇帝の要求に終止符を打ち、その種の皇帝の干渉に反対したテオドロス・ストゥディテスの見解の勝利を告げるものだった。

2 対アラブ戦線

アラブ軍は西方でも東方でもビザンツを脅かしていた。ムスリムは〔北〕アフリカに定着して以来、シチリアに襲撃をかけていたが、八二七年には同島に上陸し、八三一年にパレルモを奪い、同市を自分たちの太守領の首都とした。その後、数十年の間に同島の残りの部分も彼らの手に落ち、ギリシア系住民はとくに同島東部に避難している。ビザンツは重要な収入源を失った。アラブ軍は彼らの新たな拠点からカラブリアやプーリャを攻撃した。太守領が一時期、ターラントやバーリに樹立された。同じ時期にクレタ島がアンダルシア系アラブ人集団に征服され、彼らは二世紀にわたってエーゲ海において海賊活動を行った。

陸上では、八三八年にテオフィロスが耐え難い敗北を喫したのち、ビザンツ軍は情勢を立て直しており、八六三年にはメリテネ太守領の軍隊を壊滅させるという真の成功を収めた。

3　西方における帝国の復興

イタリアにおけるビザンツの立場はランゴバルド人に対して一貫して後退を続け、後者は七五一年についにラヴェンナを奪取した。コンスタンティノス五世は、アッバース朝への王朝交代に乗じて利益を上げることに熱中しており、教皇ステファヌス二世がランゴバルド王の支配下に置かれることを恐れて救援を呼びかけたときにも、軍隊を振り向けることができなかった。皇帝の合意を得て教皇はフランク人に目を向け、後者は帝国側の利益に立って繰り返し〔イタリア〕半島に介入している。ピピン短軀王はまさしく新たな王朝を樹立しようとしていたところであり、協定を結ぶのは容易だった。ピピンはランゴバルド人を撃退し、旧エクサルコス領にほぼ相当し、将来の教皇領の基礎となる土地を教皇に引き渡した。それと引き替えに教皇庁は生まれたばかりのカロリング朝を正当なものと承認したのである。このような展開は、ローマにおけるギリシアの学問研究の道を閉ざすものであった。同地では九世紀以降、アナスタシウス・ビブリオテカリウス〔訳注：九世紀の教皇庁官僚、著述家、ギリシア語文献翻訳家〕を例外として、ギリシア語学者が希少になった。ビザンツの存在感は、南イタリアとシチリアの属州のみに縮小していった。

八〇〇年のクリスマスに、当時、女性である女帝エイレーネーが占めていたコンスタンティノープルの帝位は空位であるという口実で、ローマにおいてシャルルマーニュが皇帝として戴冠された。ビザンツ人は、かつて西ローマ帝国の一部だったイタリアを保持するというカロリング朝の当然の要求に対してはいたとはいえ、皇帝が複数いるという観念には慣れ親しんでいた。ダルマティアとヴェネツィア――すでにラヴェンナに代わって東方への主要な中継港になっていた――の支配権をめぐって数回の小競り合いののち、ビザンツの使節はエクス・ラ・シャペル〔アーヘン〕においてシャルルマーニュをバシレウスとして歓呼した。ただし、「ローマ人のバシレウス」という称号は彼らの主君にのみ留保されており、この時期以降、後者は自分たちの貨幣にこの定型表現を刻ませた。

4　伝道活動および総主教と教皇の競合関係

大規模な侵略によって大きな混乱が続いたのち、中央ヨーロッパの諸国民は落ち着きを取り戻しはじめ、それらの首長たちは、彼ら自身の正統性を強化することを期待してキリスト教諸国家の輪に加わることを熱望していた。ビザンツ人はバルカン地域以外では、カロリング朝ほど伝道活動に熱意を示してはいなかった。カロリング朝は極めて毅然とした態度でザクセン人を改宗させていた。バルカン地域では、ビザンツ人はごく目立たないような仕方で極めて少しずつ、スラヴ人の進出の際に消滅していた主教座のネットワークを再編した。しかしながら、カロリング朝の後見権が非常に重荷になっていたモラヴィアの君侯からの要請を受けると、彼らはキュリロスとメトディオスの二人の兄弟を同地に派遣した。モラヴィア教会は最終的にはローマに帰属させられ、メトディオスはローマ教会の大司教として生涯を閉じることになるとはいえ、二人の兄弟の事業は失敗ではなかった。偉大な文献学者のキュリロスは、スラヴ人の語る言葉を転写するのを可能にしたグラゴル文字のアルファベットを発明し、聖書やギリシア教父のさまざまな著作をスラヴ語に訳出した。

ブルガリア人のツァーリ〔君主〕、ボリスは八六四年に洗礼を受け、皇帝ミカエル三世が代父を務め、ミカエルの洗礼名を得た。ボリスは、皇帝権力と密接に結び付いているように見えた総主教座から独立した国民教会を樹立しようと腐心し、教皇庁を頼ろうとするが、後者も自治権は拒否した。ボリスが教皇ニコラウス一世に要望を出したことは、当時、ローマと係争中の総主教フォティオスを苛立たせた。実際、教皇は、宮廷陰謀の結果、フォティオスがその地位を奪っていた総主教イグナティオスの支持者たちの話に好意的に耳を傾け、フォティオスを破門に処していたのである。フォティオスは、父と子を介した聖霊の発出をめぐる新奇な教義（フィリオクエ）――この時期には教皇庁はまだ採用してはいなかったのだが――を攻撃することで反撃に出た。伝統が認めていたのは、聖霊は父から子を介して発出するというものだった。八六七年にフォティオスは、コンスタンティノープルの教会会議から教皇の破門を獲得した。こうした教会分裂は、大変な苦労の末にフォティオスと教皇庁の和解によって終結した。教皇庁は、カロリング朝がもはやアラブ軍を撃退する能力がなかったために、同軍の襲撃から守ってもらうために大いに帝国を必要としていたのである。協定は、両教会の対等性と各教会の独自の慣行を承認することに基づいて作成された。

II　マケドニア朝の最初の一世紀における変容

1　安定した国制

彼の前任者で元恩人でもあったミカエル三世の暗殺という代価を払って権力の座に到達したバシレイオス一世は、間違ってマケドニア人の王朝と称される、ビザンツにおいて最も輝かしい王朝を樹立した。〔間違い〕というのは、バシレイオスはアルメニア人の家系であるからである。〔この王朝の〕持続性自体が正統王朝を支持する感情が強まっていたことの証拠である。マケドニア朝は、レオン六世が、幼い息子コンスタンティノス七世を嫡出子にするため、あえて教会に背き、四度目の婚姻を結んだときに発生した「四婚」紛争のあとも存続している。このコンスタンティノス七世を、父帝は、これ以後、父親が全権を備えた皇帝であったときに大宮殿の緋紫の産室に生まれたという意味の「ポルフュロゲネトス」という唯一の称号で呼んでいた。同様にマケドニア朝は、権力から追われることはなかったが、何人かの摂政や陸海軍出身の一連の共同皇帝、ロマノス・レカペノス、ニケフォロス・フォーカス、ヨハネス・ツィミスケスを甘んじて受けいれた。相続人の不在によってのみ、この王朝は終焉を迎えた。

2　経済的回復の開始

七四七―七四八年のペストによって大流行の終焉が画され、それは人口統計上の趨勢がゆっくりと反転するのを後押ししたのであり、また、ムスリム軍の大規模な襲撃が徐々に減少したこともそれに有利に作用した。必要不可欠だがコストのかさむ城壁の修理作業を除けば著しく縮小していた首都の建築事業は、コンスタンティノス五世以降、控えめに再開され、次いでそれに続く数世紀には加速がかけられている。大宮殿は、テオフィロスの下でトリクリノスやカリアノスといった重要な建造物が付け加えられた。バシレイオス一世は多くの教会堂を改築し、大宮殿の敷地内にネアと称される教会を建てさせた。その教会は、ミカエル三世によって建立されたファロス教会が新約聖書由来の聖遺物を集積していたのに対応して、旧約聖書に由来する一連の重要な聖遺物を受け入れることになっていた。属州では、貴族の主導による建設事業の力強い復活ぶりが史料や碑文から確認されている、小アジア西部やカッパドキアが、たとえ同一の傾向を示していたとしても、バルカンよりも先行していたように思われる。十世紀末、アトス山に最初の大規模な共住修道院施設が設立され、それはすぐにビテュニアのオリンポス山に代わる帝国の主要な修道活動の中心地になっている。聖アタナシオスは、皇帝になった彼の友人ニケフォロス・フォーカスの支援を得てラウラ修道院を創建し、その数年後にはイベリア（ジョージア）人貴族たちがイヴィロン修道院を建設するなどした結果、聖山は数十の修道院や質素な庵室を含むことになり、それらは修道士たちにあてがわれた土地に組織され、宦官や子供、女性はそこへの立ち入りを禁じられた。そうした特徴は今日に至るまで保持されている。

宮廷の豊かさは、公的な儀礼の際に見せつけられた。このとき、大宮殿や聖ソフィア聖堂付近に及んでいた首都の主要な幹線道路のメセー沿線の住民は家屋や店舗を絹織物で飾り立てている。皇帝専用の緋紫の絹織物は宮殿直営工房で製造されており、色染めの絹とは異なり、販売することはできなかった。こうした繊維産業には複数の職業団体が携わっており、それらの権限は明確に区分されていた。生糸は帝国で生産されていたが、初期ビザンツ時代同様にシリア産のものもあった。皇帝レオン六世は首都長官に『首都長官の書』の名称で知られている規定集を作成させた。そこには幾つかの職業組織が記載されており、奢侈的（絹、金銀細工、金融）なそれに加え、パン屋のように市民生活に不可欠な職業も記述されている。皇帝は、少なくともコンスタンティノープルにおいて穀物の価格が手の届く範囲で安定するように注意し、マケドニア朝時代の間は熟練労働者の一月分の給料にあたる金貨一枚で小麦およそ一五〇キログラムが買えるようにしていた。備蓄分は公的穀物倉庫に保管されており、食糧難の際には皇帝はそれを開かせた。

一般に申し立てられていることとは異なり、中世ビザンツは、自由な商取引に基礎を置いていた。ただし幾つかの戦略的な食料品の価格は国家が手当てをしており、税務当局は商品価値の一〇パーセントに相当する取引税を徴収し、公有地の生産物は官職者に対して彼らの正貨立ての俸給を補完する現物給与として支払われていた。首都の治安維持の任を負っていた首都長官は、ロシア人、ブルガリア人、シリア人といった外国商人を監視していた。そうした外国商人は、限定された居住期間においてしか〔活動する〕権利がなかったのである。

3　社会的危機？

法を刷新することを決意し、ビザンツ最後の大法典『バシリケー』を我々に遺したバシレイオス一世とレオン六世を皮切りに、偉大な立法者であったマケドニア朝諸帝は、小土地所有者に肩入れする一連の勅令（法）を発布するに至っている。大所領は常にビザンツには存在しているが、それらが小規模所有地と比べて占める割合は時代によって変化していた。〔ただし〕そうした展開を正確に研究することは資料状況から不可能である。しかしながら、〔外敵の〕侵略によって地主の居住地からしばしば遠隔地にあった所領経営は困難になったことが、小規模農地を増大させるのを助長しているように思われる。逆に十世紀には大所領が高級官職保持者や修道院を利する形で拡大した。そうした人々を新法は、「貧者」を喰い者にする「有力者」と呼んでいる。この「貧者」という用語を厳密に経済的な意味で理解してはならず、むしろ社会的な意味で理解しなくてはならない。貧者とは影響力のある保護者を有さない者、ひいては皇帝の許への連絡手段を欠いた者なのである。

　小土地所有者がパロイコイ（隷属農民）へと変質する動きは、とりわけ九二八年に加速した。この年の厳しい冬のあとに飢饉が続いたのである。この惨禍のために農民たちは安い値段で自分たちの土地を有力者に売ることを強いられた。後者だけが蓄えられた資産を有していたからである。七〇―八〇年にわたって歴代君主は貧者を擁護する新法を数多く発布し、ニケフォロス・フォーカスは、修道院が貧者の地所を獲得するのを禁止するところにまで踏み込んだが無駄だった。貧者の社会感覚に通じていなかった歴代皇帝がなぜこれほど執拗だったのか。〔それは〕一方では、十世紀まで、ビザンツにおいて最も重要な地租は独立自営農民の村落共同体に基礎を置いていたからである。他方、テマの兵士は中規模土地所有者のカテゴリーに属しており、その消滅によって軍隊の徴募先を枯渇させかねなかったためでもあった。

立法が不首尾に終わったことは農民の生活環境を悪化させることになるのだろうか。原則として、租税の他に地代を支払っていたパロイコイは、税務上、極めて重要な前納分を負担していた。しかしながら、彼らは税の不当徴収から保護されるという恩恵を受けており、場合によっては彼らの主人の投資能力から利得を得ていたのである。大土地所有制は、牧畜業の発展を、とりわけ小アジアにおいて助長させたのは明らかである。同様にそれは、コンスタンティノープルにほど近く、帝国において最も富裕な土地所有者が居住していたトラキアやビテュニアにおいてとりわけ投資を促進させていた。生産活動は家族経営によって担保されており、農業奴隷制は消滅し、賃金労働制はあまり発達しなかったように思われる。農耕技術はほとんど発達しなかった。というのも、マイアンドロス渓谷の肥沃な土地では水牛が使われていたとはいえ、地中海沿岸平野の軽い土には無輪犂の方が撥土板付きの重い有輪犂よりも適合していたからである。しかるに、灌漑や風車の建築、種子の選別といった、地味だがたゆみない改善策によって生産量は増大している。ビザンツにおける小麦の収穫率は、かつて主張されていた一対三よりも往々にして一対五に近かったと今日の歴史家たちは考えている。地味《ちみ》の肥えた土地ではおそらく収穫率は一対七に達したであろう。ビザンツのような広大な帝国においては、平均値は大した意味はなかった。農民たちは、野菜畑の帯に囲まれたコンスタンティノープルを筆頭とする都市住民の多くと同様に菜園を耕作しており、それは日々の食料の重要な部分を供給していた。

中期ビザンツ時代において、気象条件はそれほどひどい状態ではなく、飢饉の数は、無視することができるほどではないにせよ、目立たない程度であり、十二世紀になるとこうした見地からはとりわけ恵まれていたことを最後に付け加えておこう。パロイコイは自由人であり、交代要員がいるなら、自分の土地から離れることも可能だった。要するに、そこには社会的退行が存在しなかったことは明らかである。そのことによって、文書のなかで、なぜ農民が熟慮の末にパロイコイの地位を選んでいるのが目にされるのかの説明がつく。

有力者の権力濫用に精力的に対抗措置を講じた最後の人物となったバシレイオス二世以降、マケドニア朝の立法は効力を保っていたとはいえ、土地集中化の動きは持続した。十二世紀には、大所領がそれ以後、ごく大まかに支配的になっていた。税制は〔それに〕適合するように改められ、歴代皇帝は、皇室御料地や国有地を非常に効率的に経営した。そうした国有財産は、多くの反乱者に対する資産没収や征服事業、それに相続人不在の土地によって増大している。君主はそれらを低価格で再販売するのを止め、そこにパロイコイを定住させ、クーラトレイア〔訳注：クーラトール（管理官）が管理する土地の意〕として公的所領を組織して、経営をさせたのであり、こうした公的な所領が税収の最大部分を供給していたのである。十世紀末に奪還された東方の諸都市は、帝国の他の属州のそれよりも活力があり、国家歳入の増加に貢献した。ある時期には、アレッポにおける奢侈製品取引から税を徴収するために、一人のビザンツ官職者が同地に駐在させられることすらあった。

4　新しい軍隊

徐々にテマ兵士、すなわちストラティオーテスは土地を取得しており、十世紀には軍務（ストラティア）と交換に免税措置を享受していた。小土地所有者の衰退が抗しがたかったことはテマ軍の弱体化をもたらした。ストラティアの保持者はもはや動員されることを望んでおらず、別の戦闘員に交替してもらうにせよ、兵役代納金を支払うにせよ、しばしば軍隊における不在の代価を金で清算する方を選んだ。そのうえ、これらのストラティオーテスは、ストラテーゴス〔テマ長官〕を囲む少数の兵を例外として、練度が高くなかった。軍事作戦に関する記事が示すところによれば、ビザンツ軍の将校たちは、ムスリム勢力に対する大攻勢を指揮するのに、もはやストラティオーテスを当てにしてはいなかった。というのも、こうした遠征は長期間、故郷を離れることを前提としていたからである。ニケフォロス・

フォーカスのような皇帝は、ストラテイアの金納化を拡大させ、傭兵徴募の資金に充当させ、タグマタ〔訳注：皇帝直轄の中央野戦軍。職業軍人によって構成された〕を発達させた。こうした職業軍人の軍隊を率いて偉大な軍人皇帝たちが九六三―一〇二五年の間、征服事業を推進していたのである。

十一世紀におけるビザンツ軍の蹉跌を理由にして、歴史家たちはしばしば、こうして「国民」軍が放棄され、多くの外国人が徴募されたことを批判した。しかし、たとえばテッサリア人のタグマタやマケドニア人のそれのように、多くのギリシア人もタグマタを形成していた。「外国人」という概念は多民族で構成された帝国においては相対的なものであることを付言しておかなければならない。実際には、傭兵は、定期的に俸給が支払われている限りは、ストラティオーテスと同等に勇敢に戦っていた。そのうえ、皇帝は、十一世紀においてもノルマン人重騎兵やペチェネーグ人やアラブ人の弓騎兵、アルメニア人弓歩兵といった優秀な専門集団を選ぶことができているのである。外国人部隊は往々にして同民族の将校に指揮されていたが、彼らはビザンツ軍司令部の権限の下に置かれていた。遠征時にのみ徴募され、自前の指揮官を保持していた補助部隊とこれらの軍団ははっきりと区別されていた。テマ軍は十一世紀の間に決定的に消滅した。なぜなら、新しい組織が効率性の良さに見合っていたからである。

5　アクリタイ的な戦争と緒戦の成功

依然として最も重要だった東方戦線については、ビザンツ軍は主にメリテネとタルソス両太守の軍と激突し、一時期には、帝国の迫害を逃れた二元論的異端〔二つの世界、すなわち一方は神によって創造された善の世界、もう一方は、悪魔によって創造された地上の、ひいては悪の世界が共存していると考える運動〕の小パウロ派の軍とも戦っている。〔敵の〕襲撃はほぼ毎年実行されたが、規模は限定的だった。新たな要素として、国境地帯のテマのストラテーゴスは反撃に出て、彼らの方からタウロス山脈の峠道を越え、キリキアや上メソポタミアに侵攻していた。多くのアルメニア人が異教徒との戦いに参加するために到来し、彼らの母国はビザンツの支援を得て、アラブ人の軛から解放された。現地住民は、この種の限定的な、〔国境における〕アクリタイ的な戦争に習熟している〔訳注：アクリタイ（単数はアクリテス）とは、国境地帯の防衛を主任務とした非正規兵の呼称。ゲリラ戦を得意とし、ときには敵地への掠奪遠征を敢行した〕。敵の襲来の合図があると、見張りからの通知を受けた村人たちは家畜と共に接近不能の場所――山岳、要塞、あるいはカッパドキアにおけるように地下の村落――に避難している。損害は限定的であり、捕虜は多かれ少なかれ一定の期間を空けて交換されている。

　こうした戦争への動員によって、兵士が、敵から得た戦利品で自分たちを豊かにしてくれる長官と、個人的に結び付けられるような特殊な社会が創出された。幾つかの大家門、とりわけドゥーカス、アルギュロス、スクレロス、フォーカスといった家門が幹部要員を供給していた。ジハードの精神に駆り立てられたムスリム軍と対決するキリスト教徒の守護者であったこうした戦士たちの精神状態は、敵の襲撃を免れていたコンスタンティノープルにおいては理解されなかった。その反面、反乱した将軍がムスリム陣営に逃亡したときには、いつもたいそう歓迎され、しばしば重要な職務を託されているのが目にされた。同じく、アラブ人の脱走者はためらうことなく国境を越えており、当時のビザンツの高級官職者のなかにはアラブ系出自を暗示させる複数の名前があることが指摘されている。

テマ軍は、ときおりタグマタ軍によって強化された。ビザンツ軍は明らかに主導権を握り、九三四年にはついにメソポタミアへ向かうルートの要衝であるメリテネを奪取した。しかし、彼らは打撃も受けている。テサロニケは九〇四年に一人のイスラームへの改宗者〔訳注：レオン・トリポリテス。改宗後、アラブ艦隊の司令官となった〕によって奪取され、住民の一部は奴隷としてクレタ島で売却された。バシレイオス一世はシラクサとシチリアを救うことはできなかったが、一時期、ムスリムの手に落ちていたバーリは取り戻した。

バルカン半島においては、ブルガリアはボリスの息子シメオンの支配下にあった。彼はコンスタンティノープルにおいて教育を受けており、拡張主義的な政策を推進した。レオン六世は、帝国外交の大いなる伝統に沿って、彼らの背後にいたハンガリー人――少し前にドナウ川北岸に定住したトルコ系の異教徒集団――に同盟を呼びかけたが、敗北を喫し、交渉を余儀なくされた。コンスタンティノス七世の摂政政権の下で、通商ルートの統制権という経済的な理由で紛争は再燃した。九一七年、アンキアロスにおいて新たな勝者となったシメオンは、一時、アドリアノープルを奪取した。彼は、ロマノス一世治下においても攻勢を続け、九二四年に彼の軍隊はコンスタンティノープルの前面に陣を張り、「ブルガリア人のツァーリかつローマ人の皇帝」になるつもりだった。艦隊を持たず、武力で都を奪う術がなかったシメオンは、〔ロマノス・〕レカペノスとの会見ののち、毎年、貢納金が支払われるという約束と、彼の征服地の大半が認知されたことと引き換えに退去した。九二七年にシメオンが死去すると、戦争へのこうした過度の国力傾注によって疲弊し、二元論的なボゴミール派異端によって打撃を受けていたブルガリアは和平を選んだ。シメオンの息子ペータルは、ロマノス・レカペノスの孫娘と結婚していただけになおさらであった。

III　中世の絶頂期（九五九―一〇五七）

1　イスラーム勢力に対する大勝利

十世紀後半、東方のビザンツ軍は、アナトリアの貴族層出身のとりわけ有能な一連の将軍たちによって指揮されていた。〔そのなかでも〕ひとつの家系、フォーカス家が卓越していた。彼らが、ギュスターヴ・シュランヴエルジエ〔訳注：十九世紀後半―二十世紀前半、フランスの著名なビザンツ史家、古銭・印章学者〕が「ビザンツの叙事詩」と呼ぶところのものを先導してゆくのである。情勢は有利なものになっていた。アナトリアは再び人口が増大して、活気のある経済状態を取り戻しており、以前よりも多くの軍勢を供給していた。他の前線は、〔北〕アフリカやシチリアのアラブ人の襲撃を別にすれば、相対的に平穏であった。ムスリム陣営ではアッバース朝カリフ国家の解体に加速がかかっており、バグダッドの軍隊がビザンツに介入することはもはやなく、ジハードの精神は国境地域以外では著しく減退していた。国境地帯の一人の太守、アレッポとアンティオキアの支配者、ハムダーン朝のサイフ・アッダウラの輝かしい抗戦がなければ、ビザンツ軍の再征服は、もっと急速かつ早期になされたであろう。サイフはジハード義勇兵を再結集させ、ビザンツ領の奥深くまで襲撃をかけることができたのである。

　軍司令官に任じられたニケフォロス・フォーカスとその弟のレオンは、長期にわたる決着のつかない戦いの末に、ついにハムダーン朝に対してすさまじい打撃を加えた。帝国の勢力が回復している証しとして、ニケフォロスは、数万の兵員を動員した上陸作戦という並外れた兵站事業を駆使して九六一年にクレタ島を奪還することに成功した。それによってエーゲ海の安全性は改善され、大規模な海上交易が復活する助けになった。その四年後、キプロスが再びビザンツ領になった。九六三年にバシレイオス二世（九六三―一〇二五）の傍らで権力を握ったニケフォロスは、ムスリム勢力に対する攻勢を続け、数世紀も前から国境をなしていたタウロス山脈の隘路を越え、キリキアとシリア北部を奪い、総主教の座所であるアンティオキアを奪回、さらにアレッポ太守領を帝国の従属国にした。彼の後継者ヨハネス・ツィミスケス（九六九―九七六）は、少し前にエジプトに進出していたファーティマ朝の攻撃を撃退することでビザンツ軍の前進を確固たるものにし、シリアにおいて自ら軍を率いてダマスカスにまで到達した。このときには、十字軍に先駆けて、イェルサレム奪回ももはや想像のつかないことではなくなっていた。再征服された土地は、ムスリム支配下に留まっていたキリスト教徒に呼びかけを行い、再入植がなされた。そうした人々の大半はヤコブ派であり、彼らは、創設されたばかりのアンティオキア・ドゥクス管区に大挙してやってきて定住したのであり、皇帝の承認を得て、新たな主教座や修道院を創建し、それらはシリア文化普及の中心地となった。

　後続の諸帝は、もはや限定的な作戦行動しか率いなくなり、そうした作戦も往々にして中途で打ち切られている。というのもバシレイオス二世自身がトリポリを奪取するのに失敗し、ロマノス三世は、アレッポの弱小の太守、ミルダース朝を同市から追い出そうとしたが、逆に撃破され、物笑いの種になったからである。その反面、シリア系とアルメニア系の住民を有したメソポタミア地方の重要な都市エデッサは、一〇三一年に併合された。東方における最後の版図拡大はアルメニア系諸王国を犠牲にしてなされた。帝国の支援のおかげでアルメニア人は十世紀にはアラブ人に支配されるのを免れたが、彼らは、複数の、しばしば競合する王国に分断された状態に留まっていた。バシレイオス二世の治下、トルコ人の初期の攻撃に恐れをなしたセナケリムは、一〇二二年、官位とカッパドキアにおける広大な所領と引き換えに彼のヴァスプラカン王国を皇帝に引き渡した。アニの王ガギク〔訳注：バクラト朝アルメニア王国の王ガギク二世。在位一〇四二－四五。アニは同王国の首都〕は、一〇四五年に独立を失った。こうした〔領土〕獲得に際しては、軍や教会の幹部層に支持されたアルメニア系住民の一部の敵意に遭遇した。

皇帝は、こうした抵抗を宥めるために、アニのガギクとその主要な将校たちを含むアルメニア人首長たちに称号や多くの所領――今回もカッパドキアに所在――を授けた。こうした政策によって現地の抵抗運動は弱められ、アナトリアへの移住が強化されることになったのであり、それはバシレイオス二世には大きな憂慮の原因になっていた古くからの貴族層を統制するものでもあった。

2　バルカン半島の制覇

ビザンツ軍は、スラヴ人に侵略されていた領土を徐々に再占領して新たなテマを設立し、ペロポネソスのメリンゴイやエゼリテス〔訳注：いずれもペロポネソス半島中央部、タイゲストス山中に居住したスラヴ系部族〕のような人々には、貢納と軍事要員を出すことと引き換えに十分に自由な自治区域を授与している。しかしながら、バルカンにおける情勢を決定づけたのはブルガリア人との関係であった。ツァーリ、シメオンの死後、ビザンツによる少額の貢納と引き換えに平和が続いていた。ニケフォロス・フォーカスはその支払いを拒んだ。というのも、新たな力関係を鑑みれば、もはやそれは正当化されなかったからである。ブルガリア人を服属させるために、彼は、キエフの君主スヴャトスラフ配下のロシア人に対して、彼らが異教徒であるにもかかわらず、呼びかけを行った。ロシア軍は、予想を大きく上回り、ブルガリアに侵入し、その首都プレスラフを奪取するのに成功したが、彼らには非常に豊かに見えた国から退去することを拒絶した。激戦の末に彼らを撃退する任を負ったのはニケフォロス・フォーカスの後継者ヨハネス・ツィミスケスだった。九七二年にブルガリア人はほぼ服属させられたが、ツィミスケスはロシア人に対しては通商条約の更新を認めざるを得なかった。それによって、ロシア商人は首都の市壁内に滞在することが認可されたのである。

しかしながら、ブルガリア人は〔ツァーリの〕サムイルのおかげで自由を回復した。彼はビザンツ人を放逐し、新しい国家を再建した。ただしその新国家の心臓部は、シメオンの時代よりももっと西方のオフリド地域に位置していた。サムイルは長期にわたる戦いでバシレイオス二世に立ち向かい、バシレイオス二世は九八六年の親政開始直後に、ブルガリア人に対する悲惨な軍事作戦で惨敗を喫した。それに続いて同帝とその配下の将軍たちは長期にわたって攻勢を仕掛け、一〇一八年に最終的にブルガリアの全土を併合した。こうした征服は当初から計画されたものではなく、戦争はブルガリアのツァーリの主導によって展開している。最終的に一〇一四年、バシレイオスはサムイルの軍隊に決定的な勝利をおさめ、捕虜の一部は盲目にさせられた。その四年後の一〇一八年、支配王朝の最後の構成員たちが降伏し、〔彼らは〕急速に帝国エリート層に同化された。

マウリキウスの治世以降では初めてドナウ川が帝国国境を画することになった。慎重を期してバシレイオス二世は、ブルガリア教会に特別な地位を授け、独立国時代に支払っていた租税を変更しないように努めた。ブルガリアは、十一世紀に何度か反乱を起こしたにもかかわらず、一一八六年までビザンツ人によって統治された。この併合措置によって帝国はヨーロッパ部分を強化したのであり、それは小アジアとバランスをとり、草原地帯の諸民族との交易で活気づいていたドナウ川下流域の諸都市を保持することになった。ところで、十一―十二世紀において、人口増と経済的成長が最も顕著だったのはバルカン地域だったことは明らかである。再びダルマティア海岸の大部分と、バルカン半島の主要幹線道路であり、デュラキオンからテサロニケを経てコンスタンティノープルまでをつなぐエグナティア街道を支配することによって、ビザンツはイタリア諸都市の早熟な活力からも恩恵を受けた。

一時、シチリアと〔北〕アフリカのアラブ人によって、そして北部ではランゴバルド系君侯やドイツ皇帝によって脅かされていたイタリアにおけるビザンツの地位が強化されたことで、バルカン半島の防備は完全なものになった。というのも、九六二年にオットー一世がローマにおいて帝冠を戴いて以来、イタリアはビザンツ人とは不仲の臣下に再び戻っていたからである。オットー二世は、ビザンツ皇女、すなわちヨハネス・ツィミスケスの姪との婚儀が許されたのにもかかわらず、防備を施された諸都市を攻撃して失敗し、次いで九八二年にカラブリアにおいて〔北〕アフリカのファーティマ朝軍に手ひどく打ち破られることになった。バシレイオス二世の下でプーリャとカラブリアの全土が平定され、帝国の権威の下に置かれた。バシレイオス二世は、死の直前の一〇二五年にシチリアの再征服を準備していた。数年後、その事業はゲオルギオス・マニアケスによって成功裏に取り組まれたが、内紛のせいで中断させられた。

十一世紀の半ば、南イタリアにおけるノルマン人やドナウ国境地帯へのペチェネーグ系遊牧民、そして小アジアにおけるトルコ人の最初期の侵攻といった新たな災禍が出現したにもかかわらず、ビザンツ人は今後、ドナウ川とユーフラテス川に沿って十分に安定した国境線を保持しているという認識を有していた。彼らは、伝統的な緩衝国だったブルガリアやカフカス地方の諸君侯国を消滅させているが、旧来の大テマとコンスタンティノープル自体をほとんど武装解除させることで、彼らのエリート部隊を国境地帯、とりわけアンティオキアに集中させており、同市は東方におけるビザンツ側の防衛上の一大拠点になっていた。

3　ロシア人の改宗

八六〇年、スカンディナヴィア系民族のロース、ないしルーシがコンスタンティノープルの前面に突然到来したことは、首都の住民たちを驚かせ、恐怖に陥れた。総主教フォティオスは、彼らの粗暴さを和らげ、彼らを「文明化された」外交関係のなかへ導き入れることを期待して、彼らを改宗させるために伝道団を派遣し、彼の書簡のなかの一通においてその成功を喜んでいる。九世紀末におけるこうした初期の改宗については、ほとんど痕跡が残されておらず、新しい信者は、ロシア最初のハーン国がロシア北部、ラドガ湖の周辺に樹立されたのと同時期に姿を消していたのは明らかである。

コンスタンティノープルへの攻撃のゆえにまったく恐るべき存在でもあった新しいロシア国家は、首都をキエフに定めていた。モノクシュロンという小型の木造船でドニエプル川を下り、黒海の沿岸部に沿って南下することのできたロシア人は、再三襲来し、ビザンツ人に通商協定を結ぶように強要した。そうした通商協定は、厳しく統制されていたのは確かだが、ロシア人は、このようにしてキエフにおいても、コンスタンティノープルにおいても、キリスト教徒商人と付き合うようにも仕向けられていたのである。何人かは個人として改宗しており、そのなかには女公オリガも含まれていた。しかし、彼女の息子スヴャトスラフは配下の身辺警護兵とともにスカンディナヴィア人の伝統的な神々に愛着を抱き続けていた。オリガの孫ヴラディミルは洗礼を受けることを決意し、バシレイオス二世と交渉することになるのだが、後者はバルダス・フォーカスの反乱に手を焼いている最中だった。ヴラディミルは皇帝からその妹で緋産室生まれの皇女であるアンナとの結婚を認められるのだが、それはとんでもない特権であり、彼を、草原地帯のすべての君主の上位に置くものだった。その見返りにヴラディミルは皇帝に四〇〇〇人の戦士団を派遣した。それによってヴァリャーグ人軍団が形成され、その後、宮殿の警護がこの軍団に委ねられたのである。

九八八年のヴラディミルの改宗とロシア教会の創建は、コンスタンティノープルの威勢の及ぶ広大な領域を開くものだった。キエフを座所とした初期の府主教は、同教会が開かれて最初の一世紀の間、ほとんど全員がギリシア人だったのである。

4　貴族層の権力

イサウリア朝時代以来、軍人出自の新興貴族層が徐々に姿を現している。というのも、彼らはアラブ軍との戦いの際に第一級の役割を担っていたからである。最も名高い人々は、家系の栄誉を宣揚する継承可能な名前を採用していた。そしてこうした貴族の慣行は、徐々に拡散し、十一世紀には一般化するに至っており、それには文官も含まれていた。ストラテーゴスとその下僚たちはほとんど世襲的な集団を形成していた。最高クラスの官職は、ときの皇帝の支持を得ている若干の家門の掌中に握られていた。かくしてフォーカス家の栄達はマケドニア朝の発展に続いていたのである。フォーカス家の最初の人物は、王朝の創建者であるバシレイオス〔一世〕によって見出された。その息子である初代ニケフォロス〔・フォーカス〕は、バシレイオスの息子であるレオン六世のお気に入りの将軍になっている。レオン六世の息子のコンスタンティノス七世が共同皇帝としてロマノス・レカペノスを受け入れることを余儀なくされると、初代ニケフォロスの息子のレオンと初代バルダスは寵を失い、それはコンスタンティノス七世が絶対的な権力の持ち主に戻るまで続いた。そのとき同帝は、ドメスティコス・トーン・スコローン〔最高軍司令官〕に昇進したバルダスに中央軍の指揮権を委ね、後者の息子たち――ニケフォロス、レオン、コンスタンティノス――には東方の諸テマであるアナトリコン、家門発祥の地であるカッパドキア、そしてテマ・セレウケイアを委ねた。最後に九六三年にロマノス二世が幼少の二人の息子を残して世を去ったときに共同皇帝になったのは、まったく当然のことながら、当時、〔父バルダスを継ぎ〕ドメスティコス・トーン・スコローンだったニケフォロス・フォーカスだったのである。

コンスタンティノープルにおいて古い元老院身分は弱体化していたが、明らかにその一部は七―八世紀の混乱のなかで生き延びていた。彼らは首都の諸官庁に人材を供給し、教会ヒエラルヒーの最高位のポストの幾つかを占めていた。そこでは総主教フォティオスの家門が傑出した例証である。最初の世代は七世紀末まで遡り、最後の世代はバシレイオス二世の同時代人だった同家は、多くの高級官職者を輩出し、それには七―八世紀における数名のパトリキオス――その当時、この称号の保持者は宮廷の最上位層に位置づけられていた――と、一人の偉大な法学者、すなわちマギストロスのコスマス、そして四人の総主教、エイレーネー治下のタラシオス、ミカエル三世とバシレイオス一世治下のフォティオス、バシレイオス二世治下に任命されたシシニオスとセルギオスを含んでいた。

エリート層は軍人も文官も権限のある職務を自分たちの家門のなかで保持しようと尽力していた。というのも、現行法に従って、毎世代、女子を含む子供たちの間での均分相続によって分割される財産を再建しなければならなかったからである。高位の家門を結ぶ婚姻は、花嫁が持参金をもたらしたため、彼らの〔生活〕レヴェルを維持するのに貢献していた。しかし、結局のところ、最も急速に裕福にさせてくれたのは皇帝の寵愛なのである。しばしばコンスタンティノープルにおいて豪壮な邸宅を提供したのも君主である。ただし、それは一代限りという条件付きだったのは確かであり、それによって資産が失われるのを回避していたのである。どうやら、名望家、「有力者」は誰もが、主に出身地である属州に土地を得ることに熱意を燃やしており、それによって現地にしっかりと根を下ろそうとしていたようだ。カッパドキアにおけるフォーカス家や彼らと姻戚関係にあったマレイノス家、パフラゴニアにおけるドゥーカス家のように。しかしながら、最高位の官職や官位が提供する収入と比べれば、地代〔収入〕は依然としてかなり見劣りしていた。このため、自分たちの子弟のために官職を求める必要があったことが、君主にとってこれらの有力な家系の忠誠を確保するための最高の切り札となっていたのである。

5　エリート層の中央への集中化

バシレイオス二世の治世には、軍事貴族層と皇帝権力との間の関係において大きな変革が見られた。バシレイオスは、統治を行うには若すぎたために、長期間にわたり、ニケフォロス・フォーカスやヨハネス・ツィミスケス、最後は大叔父のバシレイオス・レカペノスの後見下で過ごしていた。最後の人物〔レカペノス〕が初めて危機感を覚えたのは、九七二年のロシア人に対する戦争の英雄の一人バルダス・スクレロスが九七六年に反乱を起こしたときのことである。その反乱が、皇帝ニケフォロス〔二世〕の甥であるバルダス・フォーカスによって最終的に鎮圧されるのには三年以上を要した。ドメスティコス・トーン・スコローンに任じられたフォーカスは、決め手となる増援軍を得るためにイベリア人と彼が結んでいた友好関係に訴えたのである。最後にバシレイオス二世が全権を掌握することを決意したとき、彼の配下の東方大家門出身の将軍たちが期待したようにユーフラテス川方面への遠征を実施する代わりに、彼はブルガリア人を攻撃した。敗北を喫した彼は、将校たちの不満に直面し、士官たちは九八六年にバルダス・フォーカスを頭目に戴いている。再度、小アジアは三年に及ぶ内戦によって荒廃し、最後にバシレイオス二世と弟のコンスタンティノス八世が救済を得られたのは帝国国庫のおかげだった。彼らは公金を投じて、キエフ大公によって派遣されたヴァリャーグ人を雇用することができたのである。

勝利を収めたのち、バシレイオス二世は、その大半が反乱将軍たちに加担していた小アジアの貴族層全員に処罰を加えたりはせず、フォーカス家とその近親のみを処罰した。彼らは、かつてマケドニア王朝のお気に入りだったのだが、厚かましくもその競合者になろうとしたのである。彼らは資産の最大部分を没収されて失い、エリート最上層から姿を消した。皇帝はカードを配り直す手続きに進み、コムネノス家やダラッセノス家、ボタネイアテス家、テオドロカノス家といった新興家門の勃興を後押しした。一方、メリッセノス家、アルギュロス家、スクレロス家といった家門は彼らの地位を維持していた。バシレイオス二世は、そうした人々の何人かとブルガリア王女との婚儀を自ら手配した。こうした身分の再編は極めて重要なことである。というのも、コムネノス朝の幹部層がほぼ完全にそれによって固められているからである。貴族層を破壊することなど想像もつかないことだった。なぜならそれが国家の中心メンバーを提供していたからである。

バシレイオス二世以降、大家門の代表者たちは、首都に居住することがますます増えていた。都では

地図3　11世紀半ばのビザンツ帝国

彼らは自己の親族のために利得を得ようと、皇帝の許に介入していたのである。軍事的な伝統を持った家門は、文官としての伝統を有する家門といっそう交流を持つようになり、両集団間の縁組みがますます頻繁になっており、それによって両者の区別は曖昧になっている。十一世紀の間に、一部の家門は、より収益性が高いと判断された司法や、なかんずく税務の職務を得るために軍人としてのキャリアを放棄した。将校団の人員が消失した分は、もっぱら外国人によって埋め合わされた。彼らを軍隊の職務に登用するというビザンツの伝統は継続していたのである。詰まるところ、時代に応じて度合いは変化するにせよ——それを歓迎する十一世紀のあとにより抑制的な十二世紀が続いた——ビザンツ社会は、軍事的であれ、知識の面であれ、才能の持ち主にはずっと開放的だったのである。

第四章　ラテン人とトルコ人に挟まれたビザンツ（一〇五七―一四五三）

帝国が消滅に向かう最後の四世紀間の展開過程をひとつにまとめることには根拠がある。ここで取り上げられるのは長期にわたる苦悶であると結論づけてはならない。なぜなら、コムネノス朝時代は輝かしかったからである。しかし、これらの時代において歴代皇帝はラテン人とトルコ人という二正面で戦わなければならなかった。それらは性質の異なる紛争であったが、西欧の側からは帝国の存亡自体やその経済、そして宗教的独自性が脅かされ、トルコ人の側からは属州とその住民の自由が脅かされていた。こうした戦いは、政治的な選択肢のなかから選ばれた策に応じて、大なり小なり運まかせに実行されたが、最終的には老帝国にとって命取りになった。

Ⅰ　維持された均衡（一〇五七―一一八〇）

1　王朝の危機

独身を守ったバシレイオス二世は、彼の姪たちを嫁がせることに注意を向けていなかった。そして彼の弟のコンスタンティノス〔八世〕が死ぬ間際に娘のゾエとロマノス・アルギュロスを結婚させ、彼に権力を譲り渡すことを決意したときには、ゾエは子供を産むには年を取り過ぎていた。マケドニア朝は消滅することが運命づけられ、帝位を目指す競争が開始された。それは、合法的な手段を取ることもあれば——正統な女帝であるゾエとテオドラ〔姉妹いずれか〕と結婚するか、あるいはその養子になることで——武力を用い、クーデタを起こすこともあった。一〇二五―一〇八一年の間においてコンスタンティノス・モノマコス以降、いかなる皇帝も長期にわたって権力を保持することに成功してはいない。最高位の貴族家門がこの闘争に加わるのだが、それには、アナトリアにおいてムスリム軍との戦いに参与していたディオゲネス家、メリッセノス家、ブルツェス家、タロニテス家、ダラッセノス家といった家門だけではなく、同時代人には「マケドニア人」と呼ばれ、アドリアノープルに居住していたトルニキオス家、ヴァタツェス家、ブリュエンニオス家といった、対ブルガリア戦争に参加することで利益を得ていた新興集団も含まれていた。最後に、コンスタンティノープル自体において、官僚層からケルラリオス家やマクレンボリテス家のような富裕な家系が生まれていた。宮廷はコムネノス家のような軍人も引きつけていた。こうした貴族層の大半が栄達したのはバシレイオス二世の治世に遡っており、たとえば、同帝は、将来の皇帝であるイサキオス・コムネノスとその弟のヨハネスの教育に配慮していた。軍事反乱が何度も発生し、それによって、外敵が国境を圧迫していた時期において帝国軍は弱体化させられた。結局、一〇八一年、婚姻を通じて貴族層の大部分と結ばれていた若い将軍アレクシオス・コムネノスが権力を奪取し、王朝を樹立した。その王朝は、彼の息子ヨハネス二世と孫のマヌエル一世の治下において安定と復興の一世紀をもたらすことになった。

2　トルコ人の侵攻

その頃までビザンツ軍の侵略の脅威の下で暮らしていた中東ムスリム世界は、突然、トルコ人の征服によって一変させられた。何世紀も前からトルコ人は傭兵として中東地方の軍隊に徴募されていた。十世紀末、中央アジアのトルコ人はスンニ派のイスラーム教を受容した。伝説の始祖セルジュークの名を帯び、イラン・アフガン系のガズナ朝に仕えていた部族が反乱を起こし、その首長であるトゥグリル・ベクの権威の下に自立することに成功した。この人物は、元の主人の領土の大部分を征服したのち、一〇五五年にバグダッドに入城し、シーア派のブワイフ朝太守の後見を免れたことを喜ぶアッバース朝カリフからスルタンの称号を受け取った。スルタンの軍隊には、多数の遊牧トルコマーン補助兵が含まれていた。彼らは平時には厄介な存在であり、ビザンツ属州を襲撃することが認可された。一〇五四年、スルタンは自ら軍を率いて強力な要塞であるマンツィケルトに向かったが、確固とした防備を前に失敗に終わった。

セルジューク朝は、アルメニアやシリアにおいて、ビザンツ軍が近年ムスリムを犠牲にして獲得していた領土を取り戻す意欲はあったにせよ、ビザンツ帝国を征服することは望んではいなかった。彼らが第一に欲していたのは、シーア派のファーティマ朝カリフ国家を排除することであった。ビザンツ人はトルコ人の襲撃の犠牲者だった。旧来のローマ人のテマ〔訳注：東方辺境部の「アルメニア人の小テマ」と区別して、小アジアの既製テマは「ローマ人の大テマ」と呼ばれた〕は、おおかた非武装化されていたので、いっそうその襲撃はアナトリアの深奥部にまで及んでいた。かくしてメリテネ、テオドシオポリス〔エルズルム〕、カッパドキアのカイサレイア、コナイといった極めて美しい諸都市が掠奪を受けるのが目撃されている。しかしながら、幾つかのトルコ人部隊はビザンツの軍勢によって壊滅させられた。

一〇七一年、皇帝ロマノス・ディオゲネス——国境地帯の敵を撃退するために権力の座に就けられた元将軍——は、エジプトに向かう途中のスルタン、アルプ・アルスランの軍隊を攻撃することを決意したが、一〇七一年にヴァン湖に近いマンツィケルトにおいて撃破された。このたびの敗北は、帝国において猛威をふるった内戦によって〔被害が〕増幅させられた。というのも、対立する当事者たちは、優秀な戦士であると判断されたトルコ人に呼びかけて、彼らを、属州や、同じトルコ人が自身の武力だけでは奪取できなかったような要塞都市に導き入れたからである。かくして、イランの大セルジューク朝に反逆したセルジューク家の一族、アルプ・アルスランの従兄弟クトルムシュの息子たちが、一〇八一年よりも前にニカイアに定着し、コンスタンティノープルの対岸のマルマラ海沿岸部に到達した。ローマ人の領土に居ついたためにルームと称されたセルジューク朝は、速やかに小アジアの大部分を支配下に収め、アンティオキアすら奪取しているが、彼らはそれを、小アジアの中部から北部にかけて定着した別のトルコ系部族ダニシュマンド朝と分割しなければならなかった。アラブ軍の大攻勢に精力的に抗戦した軍隊の揺籃の地であったアナトリア台地は数十年の間に失われた。こうした驚くべき後退は、新来のトルコ人を同化させるのは困難であることを軽視していた将軍たちの無分別ぶりや、地域を支えている都市をトルコマーンに明け渡したこと、カッパドキア住民の相当部分の離反——彼らの王者であったロマノス四世ディオゲネスは、恥ずべきことに政敵のドゥーカス家によって盲目にさせられていた——そして決定的なこととして、アレクシオス・コムネノスは、その治世初頭において、ノルマン人やペチェネーグ人の攻撃のせいで、まだ十分に地歩を固めていなかったトルコ人に対して介入することができなかったこと、によって説明がつく。〔アナトリア〕中央台地の気象条件や牧草地は、トルコ系遊牧民の生活様式に完璧に適合していたことが付け加えられる。

　バルカンにおいては、ビザンツ軍は、いまだ異教徒の別のトルコ系遊牧部族であるウゼ人、ペチェネーグ人、クマン人と対峙していた。それらを、同軍は、甚大な損害を受けた末に十一世紀末に最終的に撃破し、同化させた。

3　ラテン人の活力

イタリア人は東方へのルートを頻繁に往来する最初の人々であったが、十一世紀には、彼らに多くのラテン人の商人や巡礼や軍人が合流した。ビザンツ商人は依然、活動的であり、地中海の諸港、とりわけアレクサンドリアに姿を見せていたとはいえ、アマルフィ人とヴェネツィア人が帝国方面の交易を支配していた。一〇八二年、ヴェネツィア人は、皇帝アレクシオス・コムネノスのクリュソブーロス（黄金印璽文書）によって、長期的な見地からは決定的なものとなる利権を獲得した。同帝は、ノルマン人侵略軍に対抗するためにヴェネツィア人の艦隊を必要としていたのである。こうした大変な奉仕との見返りに彼らは関税支払いを免除されている。そのことによって、彼らには、他の西欧人に対してだけでなく、ギリシア人に対しても競争上の優位性が与えられていたのである。彼らはまた、金角湾沿岸の専用の居留地も享受しており、そこは首都において最も活気のある港になりつつあった。ヴェネツィア人の影響力を制限するためにアレクシオスとその後継者たちは、その後、ピサやジェノヴァに対しても、重要性では劣っていたのは確かだが、一定の利権を授けることを余儀なくされた。しかしながら、黒海が依然として閉ざされたままだったから、コンスタンティノープルは欠くことのできない仲介者の役割を失うことはなかった。

今回の〔ヴェネツィア人との〕協定はビザンツの利害に反していたとしばしば評価されているが、東地中海域における交易量は一二〇四年以前にはまだかなり慎ましいものだったから、経済的な面での有害な効果は限定的なものだった。心理的なダメージはもっと大きく、首都のビザンツ人は、ラテン人にあてがわれた特権を不当と考え、後者を傲慢だと認識して、それに対してますます我慢できなくなっていた。属州には、ラテン商人が小麦を買い付けるために来訪した。彼らはそれを、人口増大中のイタリア諸都市を給養するために輸入していたのである。大土地所有者は、彼らに所領の余剰生産物を売却することで富を築いており、そのなかには多くの皇帝一族の構成員も含まれていた。

ラテン人、なかんずくノルマン人は、彼らの軍事的な能力のゆえに、ますます頻繁に皇帝によって軍隊に徴募されるようになった。それは優秀な騎兵としての能力であり、ビザンツ軍は、西欧で開発されたこうした戦術を採用することができなかったため、槍を構えて集団で突撃することのできる人員を欠いていたのである。こうした傭兵は、俸給支払いが待たされたときなどには、多少、規律が乱れることはあったとはいえ、コムネノス朝とパライオロゴス朝の下で常時、雇用されていた。そうした人員の一部は、イエルサレムへの巡礼の途中にコンスタンティノープルに立ち寄った際に徴募されていた。というのも、ハンガリー人が新しいキリスト教王国として定着して以来、聖地に向かう陸上ルートを西欧の貴顕やその家来たちがますます頻繁に往来するようになっていたからである。ビザンツ人がノルマン戦士の資質を高く評価する契機となったのは、十一世紀初めにランゴバルド系君侯が雇い入れた傭兵集団と戦ったときである。ところが、ロベール・ギスカールに統率された少数のノルマン軍は、一〇七一年――帝国にとってまったくのところ最悪の年――にバーリを最終的に奪取した。ミカエル七世の治下、帝国政府は、ギスカールの娘と帝位の相続人との縁談をちらつかせることで、ギスカールとその手勢をトルコ人と戦わせるために利用する計画を発案した。しかるに、一〇八一年、ギスカールは、おのれのためにコンスタンティノープルを奪取することを望み、オトラント海峡を渡り、エグナティア街道の起点となるデュラキオンを征服した。そして彼は息子のボエモンと共にバルカン半島を脅かし、それは一〇八五年に彼が死去するまで続いたのである。

宗教上の相違は、障害になってはいなかった。なぜなら、一〇五四年の教会分裂という重大な結果をもたらす出来事があったにも関わらず、キリスト教の統一性という感覚がまだそれを制していたからである。西欧において教皇権は俗人の影響力から脱しようと尽力しており、叙任権闘争と称されるものに取り組んでいた。そのような展開は、総主教と教会が完全に皇帝の統制下に留まっていたビザンツ帝国では想像もつかないことだった。初期の改革教皇レオ九世は、ローマ教皇座の首位権〔の主張〕にとりわけ熱心であり、総主教ミカエル・ケルラリオスの主張と衝突した。頑固な枢機卿フンベルトゥスに率いられた教皇使節団は、共通の敵である南イタリアのノルマン人に対抗する教皇と皇帝コンスタンティノス九世モノマコスの同盟を強化させるためにコンスタンティノープルを訪問していた。フンベルトゥスは、ローマの首位権を認めさせるのに皇帝の好意を当てにできると確信しており、総主教に破門宣告をするに至った。総主教は、ビザンツ教会と首都民衆の支持に支えられて、強く反発し、一〇五四年七月に今度は彼の方が教皇使節団に破門を宣告したのであり、こうして教会分裂が引き起こされることになった。

これは、両教会の間の最初の決裂ではなく、対ノルマン同盟を目指した教皇庁と帝国との間の交渉は〔この後も〕一定期間、継続した。今回の決裂によって、教皇が東方を支援するよう西欧の信徒に説き勧めることが妨げられることはなかった。ケルラリオスの側では、彼は他の東方の総主教たちに対する実質的な権威を維持していた。しかしながら、教会分裂は、キリスト教世界の二つの陣営がゆっくりと距離を拡げて別々の道を進みつつあることの徴候であり、数十年後には、両教会の統一は、たとえそれが望まれ続けていたとしても、実現するのは容易ではないことが明らかになった。一二〇四年にラテン人によってコンスタンティノープルが占領され、帝国の廃墟の上にラテン教会が組織されたことが遺恨を尖鋭化させた。

4　ビザンツと十字軍

教皇グレゴリウス七世、次いで同ウルバヌス二世は、ピアチェンツァとクレルモン（一〇九五）の公会議において、トルコ人によって虐げられた東方の同胞の救援に赴くようにラテン人に勧告した。皇帝アレクシオス・コムネノスも多くの使節を西欧に派遣し、助力、とりわけ軍事的なそれを求めている。その結果として、我々が十字軍と呼ぶところの武装巡礼の大集団が生み出された。彼らの目的は、ギリシア人を支援することに加えて、イェルサレムを占領して聖地への往来を安全なものにすることだった。十字軍の頭目たち――ゴドフロワ・ド・ブイヨン〔訳注：下ロレーヌ公〕、トゥールーズ伯のレーモン・ド・サン＝ジル、ブロワ伯エティエンヌ、ターラント公のボエモン――は十分な船団を用立てることができなかったので、コンスタンティノープルへと至る陸上の行程を辿ることを選択した。アレクシオス・コムネノスが彼らを迎えたが、ここで応待しているのは単なる傭兵ではないことを知った。彼の目標は二つ、極力、速やかにラテン人の軍勢をコンスタンティノープルから遠ざけることと、小アジアに足場を回復するのに彼らの存在を利用することであった。彼は、貧者ピエールの無規律な一団に大急ぎで海峡を渡らせ、その一団はニカイアのトルコ人によって粉砕された。アレクシオス帝は〔十字軍〕諸侯と協定締結について交渉することになるのだが、それによれば、「十字軍」は、補給上の支援を受け、皇帝自身が率いる増援軍が派遣されることと引き替えに、ごく最近にビザンツ人が〔トルコ人のために〕失っていたすべての都市を返還することになっていた。ビザンツの伝統に慣れ親しんでいたノルマン人のボエモンは、彼が東方におけるビザンツ軍司令官になることを希望していたというアンナ・コムネナ〔訳注：アレクシオス一世の長女。父帝の生涯を史書『アレクシアス』にまとめた〕の主張に反して、ごく簡単にアレクシオスと合意に達した。

一〇九七年五月に征服されたニカイアはアレクシオスに返還されたが、ボエモンは、アンティオキアを奪取したのちは、皇帝が先の契約を守らなかったことを口実に、同市を皇帝に引き渡そうとはしなかった。アレクシオスは実のところ、アンティオキア攻囲戦から逃亡した十字軍指導者の不安を招くような報告に欺かれて、ラテン人が危機的状況に見舞われていた時期に彼らを救援することを断念していたのである。アレクシオス、次いでその息子のヨハネス二世は北シリアを支配するのを諦めてはおらず、そのことがラテン系のアンティオキア公との激しい対立を惹起させた。十字軍は最終的にイェルサレムに到達し、一〇九九年七月十五日に同市を占領した。翌年、東方の新しいフランク系国家を強化するために西欧から部隊が派遣されたが、バラバラに出発した彼らはトルコ人によって壊滅させられた。ボエモンを含む一部のラテン人は、皇帝が進んでこれらの増援軍をトルコ人に売ったのだという風聞を流布させた。こうした非難を皆が繰り返したわけではなかったが、第一回十字軍の幾つかのエピソードによってラテン人とギリシア人の間に相互不信が生じていたことは確かである。

　それにもかかわらず、アレクシオス・コムネノスは十字軍から恩恵を受けていた。というのも、ラテン人に散々に打ち破られたセルジューク朝のトルコ人は、首都ニカイアを失ったからである。トルコ人は〔アナトリア〕台地に後退し、コンヤ、かつてのイコニオンに新たな首都を築いた。ビザンツ軍は彼らから、良質な耕地とニカイアやスミュルナのような活発な都市を含む小アジア西部を奪還し、封鎖されていたアッタレイアの港を救うことができた。

5 マヌエル・コムネノス――最後の光芒

コムネノス朝の第三代皇帝は対照的な評価を受けている。同時代西欧の年代記作家たちはかなり称賛的な態度を示していたのに対して、ギリシア人たちの見解は分かれている。〔同時代史家の〕ヨハネス・キンナモスは熱狂的な態度を示している一方で、〔十二世紀末の歴史家〕ニケタス・コニアテスは、帝国の国力を蕩尽させたとして、その収支表に明確に否定的な評価を下している。マヌエルは、その治世の大部分を戦闘の中で過ごしていたのは真実である。彼は南イタリアに足がかりを取り戻そうと試みたが、それはユスティニアヌス風の帝国政策に回帰するためではなく、ルッジェーロ二世〔訳注：ノルマン・シチリア国王。在位一一三〇―五四〕にかつてされたようなノルマン軍の攻撃を予防するためだった。というのも、フランス王ルイ七世とドイツ王コンラート三世に率いられた第二回十字軍が通過するためにビザンツ軍がコンスタンティノープルの周囲に駆り集められたのに乗じて、シチリア王は、富裕な都市であるコリントスとテーベを攻撃し、同地の絹産業の職人の一部をシチリアに連行していたのである。彼はまた、コルフ島に要塞を建設しているが、皇帝がヴェネツィア人の助力を得て同島を奪還するには数年間を要したのである。

同様にマヌエルはセルビア人とハンガリー人に対して数多くの遠征を行った。それによって、バルカン半島に対する異論の余地のない統制権が彼に与えられた。アンティオキア公国を武力で服属させようとした彼の前任者たちの政策と決別し、彼は、それとは逆に東方フランク系諸国家の必要不可欠なパートナーになることに努めた。彼は、ヌール・エッディーンとその副官で後継者のサラディンの勢力増大に不安を募らせていたイェルサレム王に接近するが、エジプトの莫大な富を獲得しようとした軍事作戦は失敗した。にもかかわらず、マヌエルは東方のラテン人を支援するために財産を費やし、キリスト教徒の安寧に心を配る寛大な君主という記憶を残すことになった。

マヌエルは、小アジアを忘れておらず、キリキアに定住していたアルメニア人の独立の勢いを押さえることに尽力した。十一世紀末にセルジューク朝にアルメニアが侵略されて以来、より安全であると考えられた南方に向かって大移住が発生していたのである。マヌエルの死後、一帯を保持していたルーペン朝がついに独立を獲得し、一一九八年にはキリキアの支配者であるレオンが王冠を獲得した。マヌエルはまた、ダニッシュメンド朝と〔ルーム・〕セルジューク朝に対して、一部は武力を用いて、彼の宗主権を承認させることに成功した。一一六二年、皇帝は、コンスタンティノープルにおいてクルチ・アルスラン二世を盛大に歓迎した。過信したマヌエルは、セルジューク朝スルタンがダニッシュメンド朝国家を併合するのを放任し、〔その結果として〕イコニオンに対して遠征を行うことを余儀なくされた。一一七六年、彼は、セルジューク朝の首都を攻囲するため強力な軍隊を召集したが、ミュリオケファロンの隘路で奇襲攻撃を受けた。ビザンツ軍は壊滅することなく、依然としてビザンツ領土を防衛することはできたが、アナトリア台地を奪還するというビザンツ人の一切の希望は失われた。

マヌエルの治下、帝国政府はビザンツ史の最終局面に特徴的な特質を帯びることになった。貴族層は常に帝国の運命を支配していたが、コムネノス朝が権力の座に就くのに伴い、皇帝親族の役割が増大し、社会的ヒエラルヒーが皇帝との親近性に基礎づけられるほどになったのである。皇帝の兄弟にはセバストクラトールの官位が下賜される一方で、他の親族はセバストスのそれを受領している。それによって彼らは、残余の国民や高級官僚層からすら区別されていた。これらの官位には、コムネノス朝の統治中、高級官僚は近づくことができなかったのである。軍隊の有能な将校たちは、かなり頻繁に、極めて多産なこの家系出身の花嫁を得ていた。それによって、この高位貴族層への人員補充の道が適度に開かれ、硬直化が回避されることが可能になったのである。

コムネノス朝歴代皇帝は、首都住民のことも気にかけていた。一〇八一年におけるアレクシオス・コムネノスの入城には暴力と掠奪が付随していたが、ヨハネス二世、そしてとりわけマヌエルは彼らの成功にコンスタンティノープル住民を参与させ、町を横断する古代の凱旋式の伝統を復活させた。彼らはまた、官庁を居場所にしていた知的エリートをも味方に付け、彼らを宮廷に招いて皇帝賛美演説をさせたり、彼らに教会の立派な役職を分配したりした。

6 繁栄

ゆっくりとした人口増加の効果は、十一世紀以降、より明瞭に現れている。コンスタンティノープルを筆頭にビザンツの諸都市は再び人口が増大し、ほとんどもっぱら行政・軍事の中心地であるだけの存在ではなくなった。コムネノス朝の下で首都は中世における人口の最大値に達し、おそらく三〇万から四〇万の住民がいたと見積もられるであろう。大量の食料が供給され、トラキアやビテュニアといった近隣属州の小麦に、ボスフォラス海峡の漁師がもたらす大量で安価な魚介類が加わった。属州都市は、テサロニケ、そしておそらくスミュルナ、そしてもちろんアンティオキア、エデッサ、アニといった東方の諸都市を除けば、総じて人口一万人を越えることはなかったにせよ、沈滞状態を脱している。テサロニケはバルカン半島の平和の恩恵を受け、スミュルナはエフェソスに取って代わっていた。

農村部においては、そうした発展の規模や進度を明確にするのは困難であるとはいえ、村落が増大している。史料的に精確なデータが提供される唯一の属州はマケドニアであり、それはアトス山修道院文書があるためである。同文書には、新たに樹立された農村は、当初の村落ネットワークに組み入れられていたことや、こうした好ましい発展が、十三世紀の政治的激震にもかかわらず、十四世紀初頭まで持続したことが示されていた。当時、限られた面積の農地しか有していなかった農民は、中程度の価値の土地を開墾するよう強制された。このような発展が、農業的革新が一切、介在することなく、獲得されているのである。

ビザンツ帝国は同時代のヨーロッパと異なるところはなく、〔経済の〕発展の動きに巻き込まれていたのだが、それは十四世紀半ばにペストによって恐ろしい人口減少が発生するよりも数十年前には息切れした。地域ごとの差異を見分けるのは骨の折れることである。バルカン半島では、マケドニアがそうであったように、間断ない発展ぶりが知られており、一方、小アジアにおいては、その西部地域においてトルコ人の侵略が著しく負の影響を及ぼしていたように思われる。首都にほど近いビテュニアにおいては、マヌエルの治世初頭にはアドラミュティオンはまだ荒廃したままだったとしても、こうした後退からかなり迅速に回復した。その後の小アジアは、ビザンツ領も、セルジューク朝領も、順番に有利な条件の恩恵を受けた。このように繁栄が回復されたことによって、一二〇四年以降にこの地域に樹立されたニカイア帝国がしっかりと基盤を固めたことの説明がつくのである。次いで、オスマン朝による征服に起因する騒乱が困難な経済状況と結び付き、新たな人口減少がもたらされ、それは新たなトルコ系部族の到来によっても十分に埋め合わされることはなかった。

　商工業活動も同様に発達しており、都市的市場の発展、なかでも大市場コンスタンティノープルのそれ、そして地中海交易の再活性化から恩恵を受けていた。奢侈品の生産はほぼ首都に集中していた。それ以降はテーベやコリントスといった属州都市が、評判になるほどの絹製品を生産する活気ある工房を擁して、イタリア商人が買い入れのために現地に足を運ぶほどになっている。テサロニケでは聖デメトリオスの祭日に定期市が開かれ、そこには地中海沿岸全域からやってきた商人が参加していた。

　生産高が増大したことで多額の税収が皇帝にもたらされた。内戦や内地への〔外敵の〕侵攻は極めて深刻な事態をもたらしていたことは明らかである。というのも侵攻を受けた属州の租税はもはや回収できず、一方で必要不可欠な軍事経費が増大していたからである。その結果、ノミスマ金貨は十一世紀の間に最初の小幅な品位低下をしたことが知られていたが、それは、経済成長に対して貴金属のストックが不足した結果であるとも解釈できるだろう。それに続いて真に壊滅的な第二の品位低下が発生し、それはアレクシオス・コムネノスが新たな金貨ヒュペルペロンを発行するまで続いた。ヒュペルペロン貨は、一世紀の間、安定性を保ったために国際交易において広く受け入れられた。

7　国際色豊かな首都

エリート層の増大する富が新しい建築物によって表現されていたのは主にコンスタンティノープルにおいてである。十一世紀の各皇帝は、広大な地所付きの堂々たる修道院を残しており、それは経済活動の中心であるオイコス〔訳注：国家支給の資産から得られた収入で修道院や付属慈善施設の経費を賄う財団組織〕になっている。最も有名なマンガナ修道院のオイコスは、コンスタンティノス九世モノマコスによって造営され、高級官僚育成を目的とする法律学校をも併設していた。コムネノス朝はこの伝統を踏襲し、アレクシオスは大孤児院を再興し、彼の息子のヨハネス二世はパントクラトール修道院を創建した。その教会堂は今日においても愛でることが可能である。大宮殿が皇帝の通常の住居であるのを停止したのは、コムネノス朝の治下においてである。彼らは、金角湾の深奥部に位置するブラケルナエ教会の近くに新しい宮殿を建設した。慈善施設や修道院が首都の不動産の大部分の所有者であった。

II　ヨーロッパへの後退（一一八〇—一三四一）

1　第四回十字軍とその帰結

同時代人によれば、マヌエル・コムネノスの没年である一一八〇年は、ビザンツの没落の始まりを画すことになるのだが、そうした所見は極めて正確である。同皇帝が権力の座を幼い子供にゆだねると、いつものように、アレクシオス二世の母親でラテン系の出自であるアンティオキアのマリアが行使した摂政権はすぐさま反乱を惹起させたが、アンドロニコス一世コムネノスの血なまぐさい簒奪劇はコンスタンティノープルの群衆による彼の殺害で終わった。巡り合わせで帝位に就くことになったイサキオス・アンゲロスは、ヴラフ人やクマン人に支援されたブルガリア人の新たな反乱を鎮圧することができなかった。彼は一一九五年に自分の兄によって打倒された。こうした権力の不安定さは、フィラデルフィア周辺のリュディアやキプロス島、ペロポネソスといった幾つかの属州の自立感情を助長させた。帝国の急激な弱体化は、サラディンからイエルサレムを奪回することを目指した第三回十字軍が通過する際に露呈した。一一九一年、キプロス島がリチャード獅子心王の英国軍に奪われ、イエルサレム王国の敗残の王朝であるリュジニャン家に与えられて、東方の新たなフランク系国家になった。強力な軍隊を率いたフリードリヒ・バルバロッサは、〔ビザンツ〕皇帝がサラディンと同盟を結んでいたのでなおのこと、彼が通行中のビザンツ帝国を征服する当否を少し自問したのちにイサキオス二世に協定を押しつけた。マヌエル・コムネノスの功業は無に帰してしまった。

新たな十字軍は、改めてイェルサレムを奪回するという希望を抱いて海路からエジプトを攻撃することになっていた。フランドル伯ボードゥワンやモンフェラート侯ボニファッチョのような大諸侯に率いられた十字軍は、首脳がチャーターした船団が待つヴェネツィアに再集結した。ヴェネツィア人は約束された支払いを受け取れなかった——参加者が当初のプランで予測していた数よりも実際には少なかった——ので、代償として、ヴェネツィアと敵対していたダルマティアの都市ザラを征服するのに助力してくれるよう十字軍側に申し入れた。こうした逸脱行動に対して教皇から正式に断罪され、兵士たちの相当な部分が拒絶したにもかかわらず、十字軍はこのキリスト教徒の都市を攻め落とした。廃帝イサキオス二世の息子アレクシオスがコンスタンティノープルの牢獄から逃れて、十字軍に対して、彼らの海外遠征への莫大な支援と引き替えに、自分を権力の座に戻してくれるよう申し入れたとき、十字軍側は議論を重ねた末にそれを受け入れた。

一二〇三年七月、ラテン艦隊はコンスタンティノープルの城壁の前に姿を現した。軍隊は上陸するが、帝位要求者に対して都市の城門が開かれることはなかった。ところが、攻め手を撃退することができなかったアレクシオス三世アンゲロスは夜間に首都から逃走した。住民たちはイサキオス二世を呼び戻すことを決め、イサキオスが自らの息子とラテン人の首脳を応接するのだが、十字軍の軍勢は市中に入ることは許されなかった。属州は新たな皇帝〔アレクシオス四世アンゲロス〕を承認せず、その結果、同帝は約束を守ることができなかった。彼は、盟友のために重税を取り立てたせいで忌み嫌われ、そのために彼は排除されて、ラテン人を海に追い落とすことを決意した皇帝アレクシオス五世ムルツプロスが権力の座に就いた。十字軍は突撃を開始し、一二〇四年四月十二日、その日まで破られたことのなかった恐るべき城壁を突破することに成功した。コンスタンティノープルのラテン帝国が創建され、十字軍の逸脱を頑なに断罪していた教皇インノケンティウス三世は、最後はその成功を嘉《よみ》した。それによって〔ローマ〕教会は新たなローマにラテン系総主教を擁立し、教会分裂を終結させることができたのである。

2　ニカイア帝国

コンスタンティノープルの陥落によって無政府状態がもたらされ、多数の在地首長が立ち現れ、独立した君侯領を獲得しようとしたが、当初においてこうした状況から恩恵を受けたのはギリシア人の敵たちであった。〔ルーム・〕セルジューク朝は、黒海沿岸のシノペと地中海沿岸のアッタレイアを奪取したことで海に出ることが可能となり、当時、非常に盛況であった彼らの商業活動を強化している。十字軍の首脳の一人、モンフェラート侯ボニファッチョはテサロニケ王国を建設した。彼の封臣の一部はペロポネソスに定着してアカイア君侯領を形成した。最後にヴェネツィア人がクレタ島、エウボイア島、コルフ島を占領した。

しかしながらギリシア人はへこたれることなく、アドリアノープルにおいてブルガリア軍に敗れたラテン人がすぐに弱体化したのに乗じて、皇帝家の血筋の何人かの首長が三つの国家を創建した。アンドロニコス・コムネノスの子孫によって建てられた第一の国家は、トレビゾンドからパフラゴニアにまで及んでいた。第二の国家は、ドゥーカス・アンゲロス家に牽引され、エペイロスの山岳地帯に本拠を構えた。そして第三のそれは、アレクシオス三世の娘婿テオドロス・ラスカリスによって建国された。最後の人物は、一二〇四年にコンスタンティノープルが陥落するのに先駆けてボスフォラス海峡を渡り、スミュルナとニカイアを押さえることで小アジア西部における自らの優位性を確固たるものにした。帝国を再建することは元の首都を取り戻すことが前提となり、三人のギリシア人の新たな首長のそれぞれは都に向かって前進することに精魂を傾けており、彼らの競争相手とも、ラテン人とも、同時に闘争を行っていた。皇帝の称号を誇示していたトレビゾンドのコムネノス家が最初の脱落者だった。彼らの国家は、ポントス・エウクセイノス〔訳注：黒海の古代ギリシア時代の呼称〕の沿岸に存続し、トルコ人の攻撃を受けて徐々に縮小しつつ、その首都の周囲に均質なギリシア系住民の小集団を保っていた。エペイロスのテオドロス・アンゲロスは一時期、有利な立場にいるように思われた。というのも、彼は、一二一七年にラテン人の増援軍を壊滅させ、テサロニケを奪還したからである。この成功に意を強くして彼は自ら皇帝であると宣言したが、一二三〇年、クロコトニッツァにおいてブルガリア軍に無惨な敗北を喫し、彼の希望は潰え去った。テオドロス・ラスカリスは、コンスタンティノープルを逃れた同地のエリートの大部分を引き寄せることができた。彼は、小アジアの他の豪族たちの分離運動を制圧し、ギリシア系総主教座がニカイアに再興されるようこぎ着けた。任命されたばかりの総主教アウトレイアノスが彼をバシレウスとして戴冠させたのである。

新たなギリシア系皇帝〔テオドロス・ラスカリス〕は、一二一一年に〔ルーム・〕セルジューク朝スルタンを撃破したのち、その三年後には、ラテン皇帝アンリ・デノーの攻勢を凌ぎきった。後者は、スミュルナ地域にまで攻め込むのに成功していたのである。一二二二年、テオドロスは、小さいが確固とした国家を彼の娘婿で後継者のヨハネス三世ヴァタツェスに託した。ヴァタツェスは、一二四三年にモンゴル軍が〔ルーム・〕セルジューク朝に勝利したことで、東部国境地帯に対する不安材料が一掃されるという恩恵を受けることになった。アジア側の属州は、数十年の間、深い平和を享受した。皇帝と臣民との距離が近かったこと、彼が皇帝領を巧みに経営することに熱心だったこと、官職者たちを注意深く統制したことが相まって、農民たちには繁栄がもたらされた。ビザンツ人は、モンゴル人がアナトリアを占領した結果、発生した混乱のせいで〔ルーム・〕セルジューク朝が飢餓に陥った際には、農産物を売却することができた。人民に過大な負担をかけずに集めた税収で強力な軍隊を再編成することができ、それを用いてヴァタツェスはラテン人をアジアから放逐し、アドリアノープルを含むヨーロッパ側の属州の一部を奪還したのであり、次いで一二四六年にはテサロニケを、同市住民の支援を受けて占領した。ラテン皇帝はほとんど市外に出歩くことができなかったとはいえ、コンスタンティノープルはヴァタツェスの支配を免れていた。というのも、城壁は依然として恐るべき障害をなしており、また、ヴェネツィア人は、黒海への出入りができるようになって以来の有利な通商上の地位を失いたくはなかったので、海側からの一切の攻撃も一切の封鎖も許しはしなかったからである。しかも、ニカイアにおいてはエリート層が分裂しており、その一部はコンスタンティノープル奪回を最優先の目標とはもはや考えていなかった。ヨハネス・ヴァタツェスの治世は、アジア側属州の住民に黄金時代の記憶を残し、彼の思い出は、数十年後の危機の時代には、トルコ人侵略者に対する加護を祈る対象の聖人と見なされるほどに称えられるに至っていた。

3　コンスタンティノープル奪還とラテン人の脅威

一二五九年、皇帝家の血筋の将軍ミカエル・パライオロゴスが、ヨハネス三世〔ヴァタツェス〕の孫でまだ若年のヨハネス四世ラスカリスの摂政、次いで共同皇帝として宣言された。というのも情勢が行動的な人物を必要としていたからである。その年、ラテン人は、ニカイア国家のあらゆる敵を網羅した同盟を構築し、それにはアカイア公ギョーム・ド・ヴィラルドゥワンやシチリア王マンフレーディ、エペイロス人が含まれていた。兄によって派遣されたヨハネス・パライオロゴスは、マケドニア地方のペラゴニアにおいて同盟軍を粉砕し、ギョームを捕虜にすることに成功した。後者は、ペロポネソスの南東部とモネンヴァシアの港を放棄するまで解放されず、それらの土地はビザンツ領の属州モレアの基盤となった。

ミカエル八世は、コンスタンティノープルを奪回することを考えていたが、一二六〇年のその最初の試みは失敗に終わった。彼は、ヴェネツィア人のライバルであるジェノヴァ人と交渉することを決意し、一二六一年春にスミュルナ近郊の皇帝の座所ニュンファイオンにおいて彼らと協定を締結した。ジェノヴァ人は、彼らの艦隊の支援でコンスタンティノープルが再征服されたならば、いわば〔ラテン帝国において〕ヴェネツィア人が占めていた地位を獲得することになっていた。実際には、都はほとんど戦うことなしに陥落した。このとき小部隊を率いていたアレクシオス・ストラテゴプロスは、偶然にも市壁に守備兵がほとんどいないことに気づき、一二六一年七月に配下の兵士たちを市内に入らせたのである。この予期せぬ大勝利はミカエル八世の権力を堅固なものにした。彼は八月十五日に改めて戴冠式を挙げ、続くキリスト降誕祭の当日にヨハネス四世を盲目刑に処したのである。

一二六一年当時の〔コンスタンティノープルの〕情勢は見た目ほど幸福なものではなかった。というのも、一二〇三―一二〇四年の出来事の際に掠奪され、三度、繰り返して火災に遭い、ヴェネツィア人居留地を別にすれば、あまりにも貧しすぎてそれを維持できなかったラテン人によって打ち捨てられたままにされていたコンスタンティノープルを再建することは、ニカイアで蓄積された資産の重要な部分を蕩尽するものであり、城壁の修復と建設がさらに経費負担を重くしていた。さらに、軍隊に加えて官職者たちにも給料を支払わなければならなかったから、財政収支は危ういものにしかなり得なかった。すでにアンゲロス朝時代以来、品位を低下させていたヒュペルペロン金貨はさらに劣化し、金貨はヨハネス五世パライオロゴスの治下に発行されなくなり、平凡な銀貨にその場所を譲ったのである。

政治面では、ミカエル八世は、小アジアの住民に嫌われていた。彼らは、ラスカリス朝の下で平和を享受し、富裕になっていたので同王朝に愛着を抱いていたのである。それ以上に深刻だったのは、コンスタンティノープルに〔ギリシア系の〕皇帝が帰還したことによって、トレビゾンド、エペイロス、テッサリアのギリシア人が彼に帰順することはなかったことである。そうした人々に対して彼は対処しようとしたが失敗に終わった。これ以後、ギリシア人はもはやコンスタンティノープルの君主を必ずしも正統であると見なさなくなった。そうした態度は帝国の解体を予示するものであり、その最初の徴候は十二世紀末以降、感じられていたのである。

結局、ミカエル八世は、ボスフォラス海峡から放逐されたラテン人の激しい反発と戦った。アカイア君侯やアテネ公は、もしもフランク人が南イタリアとシチリアの新たな支配者でフランス王ルイ聖王〔九世〕の野心的な弟、シャルル・ダンジューの支持を得なかったならば、極めて恐るべき敵対者となりはしなかったであろう。ラテン人は同様に、当時、膨張の局面にあったバルカンの二つの強国ブルガリアとセルビアの支持を当てにすることも場合によっては可能になっていた。

こうした脅威に立ち向かうためにミカエルは、幾度かの軍事的成功を獲得したとしても、主として訴えたのは外交的手段だった。彼は、アンジュー家との同盟から教皇を切り離そうと尽力した。教皇は、ラテン系〔コンスタンティノープル〕総主教が追放されたことに不満を持ち、常に自らが単一の教会のトップであることを主張していた。皇帝は、教皇の気を引くために教会合同を申し入れたが、この提案は、彼自身の聖職者や信徒の大半からの激しい反対に見舞われた。彼らは、一二〇四年に諸教会、なかんずく聖ソフィア聖堂がラテン人によって被った冒瀆行為の衝撃をいまだ忘れてはおらず、どんなことがあってもローマ教会のヘゲモニーを受け容れることを望んではいなかったのである。一二七四年、ミカエル八世は最終的にこの教会合同を強要し、それは、リヨン公会議において彼の代理人たちによって公式に宣言された。しかし、実際には、それは空文のままに留まり、シャルル・ダンジューを支持するのに乗り気な教皇の選出を未然に防ぐことすらならなかった。ミカエル八世はイタリアにおける謀議においてはそれよりも上首尾であり、ビザンツの黄金は「シチリアの晩禱」の反乱と無縁ではなかった。この事件は一二八二年春にアンジュー王国を二つに分割し、シチリアはアラゴン王ペドロ三世の手に渡った。皇帝は、バルカンにおける自らの支配を確固たるものにしたが、アジア側の属州の防衛をなおざりにしていた。この失策を修復しようとしていたまさにそのとき、一二八二年十二月に彼は死去した。

4　小アジアの喪失

ミカエル八世の息子アンドロニコス二世は、父親の軍事的才能を受け継いではおらず、小アジアを救うことはできなかった。アナトリアにおいて、〔ルーム・〕セルジューク朝スルタン国家は、モンゴル人の衝撃を受けて崩壊することになった。モンゴル人は、西に向かって進軍することで、トルコ系住民を強化しようと到来した遊牧部族を撃退した。そうしたトルコ系住民は、モンゴル人の後見から免れることを願って、とりわけビザンツ国境近くに入植していたのである。十三世紀末から十四世紀初頭にかけて形成された太守領のなかでも、某オスマンが率いるそれは最有力からはほど遠かったが、サンガリオス川流域を拠点にしたため、隣接するビテュニアに向かって拡張する余地があった。

簒奪者であるミカエル八世に対するアジア側のビザンツ人の恨みは、総主教アルセニオスの名にちなんだ「アルセニオスの教会分裂」に多くの支持があったことに反映されていた。アルセニオスは、ヨハネス四世が摘眼刑に処されたのち、ミカエル八世を破門したために解任されていたのである。こうした反感は、彼の息子の治下になっても根強く残っており、トルコ人に対する抵抗の助けにはならなかった。トルコ人は、数十年の間にニカイア帝国の富を生んでいた領域を奪取した。アンドロニコスは、経済的な事情から艦隊を維持するのを断念することになるのだが、そのことによって、あらゆる国籍の海賊たちに自由な行動を許し、帝国をジェノヴァやヴェネツィアに依存させることになった。陸上の軍隊のために資金が取り置かれていたが、トルコ人に対してはそうした軍隊は十分な障害とはならなかった。その特段の理由は皇帝が頻繁に軍司令官に対して不信感を示したからである。アンドロニコス二世は、かなりの財務上の尽力と引き替えにカタルーニャ人で構成された職業軍人部隊に助力を求めることを決意した。一三〇四年に五〇〇〇人ないし六〇〇〇人のカタルーニャ人部隊が小アジア〔領〕の大部分をたちまち解放した。このことから、敵陣営は重大な兵力をいまだ自由に使えるわけではなかったこと、トルコ人の前進は不可避ではなかったことが分かる。約束された給金が支払われなかったとき、部隊は、彼らが防衛するものと見なされていた領域を掠奪し、雇い主に対して反抗し、トルコ系補助部隊を伴ってヨーロッパ側に戻り、最後には一三一一年にアテネ公国からフランク人を追い出してカタルーニャ人の国家を創建した。

ビザンツ領小アジアの運命は、それ以後、行く末が定められた。エフェソスとスミュルナはカタルーニャ人が撤退したのちに陥落した。より首都に近いビテュニアでは抵抗はとりわけ激しかったが、最終的にはオスマン軍はブルサを奪取し、それは彼らの最初の首都になった。次いでニカイアが奪われ、最後に一三三七年にニコメディアが失われた。多くのギリシア人がヨーロッパ側に避難し、宗教的な一大中心地だったエフェソスとニカイアは、トルコ人の側からの迫害が特段あったわけではなかったが、急激に衰退した。

5　バルカン国家の形成

ビザンツ人は〔小〕アジアから追われるさなかに、ヨーロッパ側では発展したことが確認されており、それは、アンドロニコス二世とその孫のアンドロニコス三世が対立した内戦によって速度を落とすことはほとんどなかった。アンドロニコス三世は、有能な将軍ヨハネス・カンタクゼノスに補佐され、

地図4　1340年頃のビザンツ帝国

一三二八年に権力の座に昇ると、テッサリアとエペイロスに対して皇帝の権威を回復させ、ブルガリア人を撃退し、マルマラ海の岸辺からアドリア海のそれに及ぶ単一の領土に再編した。ビザンツはもはや帝国としてではなく、その国境の内側にギリシア系人口の大半を集めたヨーロッパ国家として生き延びようとしていたように思われた。

ヨーロッパ側の属州は、まだ人口も稠密で諸都市も発展していた。テサロニケはコンスタンティノープルのライバルを自認し、モネンヴァシアは、モドンやコロン、クラレンスといったペロポネソスのラテン系の港町と競合していた。マケドニアの耕地はこれほど拡大されたことは一度もなかった。どうやら、十三世紀の間増加を続けた国際交易からあがる利益を、以後、帝国は手出しできなくなったようだ。要塞化されたペラ・ガラタ地区に拠るジェノヴァ人は、黒海やロシアの南岸――同地において、西欧人はターナやカッファといった商館を構えていた――に達するためにボスフォラス海峡を通過する大量の船舶に課された関税の主要部分を徴収していた。

〔ビザンツ〕国家ははっきりと貧窮化した。皇帝は彼らの奉仕者にプロノイア、すなわち、受益者に直接、支払われる税収を提供するに至った。しかるに、徐々に官職者たちは、そうした収入をもたらす不動産を占有するようになり、最終的にはプロノイアは相続可能なものに転換した。そのため、皇帝の権威は減退したが、しかし彼らは、帝国の終末に至るまで国家財政への一定の統制権を保持していた。彼らはしばしば、こうした贈与の一部を没収することで取り戻さざるをえなかった。そうした資産には、修道院、主としてアトス山のそれに譲渡されていたものも含まれている。

ミカエル八世の下で首都が奪還されたのち、宮殿、諸教会、修道院を再興するために多大な事業が着手されている。皇帝が統治を委ねている大臣は、テオドロス・メトキテスのようにしばしば莫大な財産を集積した。メトキテスはその富の一部をコーラの聖救世主教会を飾り立てるために支出した。それは、今日まで残された、パライオロゴス朝期ビザンツ芸術の至宝である。

III　トルコ人服属下のビザンツ

1　運命の分岐点に立つビザンツ

一三四一年、ペロポネソスにおけるフランク人最後の拠点征服の準備を進めていたアンドロニコス三世が早すぎる死を遂げたことにより、彼の未亡人であり、息子のヨハネス五世の名において行動していたサヴォイアのアンナとヨハネス・カンタクゼノスの間に長期の内戦が勃発し、カンタクゼノスが最終的に一三四七年にアンナを圧倒した。いつものように競合する両陣営は、ステファン・ドゥシャンのセルビア人、アイドゥン朝のウマルやオスマン朝のオルハンのトルコ人のような外部の列強に支援を求めた。短期的には、内戦の本当の勝者はセルビア人だった。彼らは、数十年前に〔ビザンツの〕諸帝が苦労して再征服したマケドニアやギリシアの領土を奪取したのである。ステファン・ドゥシャンは「セルビアとロマニアのバシレウス」として戴冠した。オスマン朝と他のトルコ系太守に関して言うと、彼らはトラキアとマケドニアの街道について十分な知識を獲得していた。

ヨハネス六世カンタクゼノスの治世は、黒死病の蔓延によって特徴付けられた。それは、ヨーロッパの他地域と同様に、住民たちに、とりわけコンスタンティノープルにおいて無惨な衝撃をもたらした。皇帝は、対立するヴェネツィアとジェノヴァの間の軋轢に巻き込まれる羽目になり、ビザンツの独立を保障するであろう艦隊を再建するという企てに失敗した。結局、一三五四年、オスマン朝のトルコ人との同盟策のせいで世論の支持を失ったヨハネス六世は、正統な帝位継承者であるヨハネス五世パライオロゴスの利に適うように退位することを余儀なくされた。この同じ年、激しい地震によってガリポリの城壁が打ち倒され、オスマン朝はこの要塞を奪取することにより、ダーダネルス海峡を統制下におき、自由にトラキアとの間を往来するようになった。

2　トルコ人の臣下としてのビザンツ

トルコ人に対抗することのできる唯一の敵対者、セルビアのステファン・ドゥシャンは一三五五年に死去し、彼の帝国は解体した。オスマン朝軍は、他の太守領の部隊の支援を得て、ガーズィ〔訳注：辺境地帯において異教徒との戦いに従事するイスラーム戦士〕精神に鼓舞され、キリスト教徒を犠牲にする征服と戦利品への意欲に駆られ、一三七一年にマリッツァ河畔においてセルビア軍を潰走させたが、それがビザンツの反応を誘発することはなかった。スルタンのムラド一世は、首都をブルサからアドリアノープルへと移し、オスマン朝のヨーロッパへの野心を明らかにした。一三八九年、コソヴォにおいてセルビア軍に対してトルコ軍が新たな勝利を収めたことは、バルカン半島に対する若いスルタン、バヤジッド〔一世〕の優位性を保証するものとなった。存続していたキリスト教諸国は、ビザンツ人やセルビア人のように臣属国になるか、あるいはブルガリア人のように併合されて、拡大中のオスマン帝国のヨーロッパ側の一属州を形成することになった。

　これ以後、ビザンツ帝国は、互いに切り離され、モレア・デスポテス領をほぼ唯一の例外として、強力な抵抗運動を行使する能力を欠いた領域で構成されていた。このペロポネソスの属州は、ミストラを座所とし、コンスタンティノープルからは十分に自立したパライオロゴス家の成員によって統治されており、アルバニア人入植者の梃子入れのおかげで発展を遂げていた。デスポテスは、いまだラテン人の手中にあった最後の領土を、ヴェネツィアが保持する港町コロンとモドンを除いて、ついに一掃した。オスマン朝は、デスポテスがコリントスの地峡を越えて拡大し、アテネを保持しようとすると、配下の将軍を派遣してペロポネソスを襲撃させることによって介入した。

　同じようにオスマン朝は、パライオロゴス家内部の紛争にも介入しており、コンスタンティノープルの帝位に就くのにも、少なくとも彼らの暗黙の同意が必要だった。あらゆる抵抗策は失敗する運命にあった。ヨハネス五世の息子の、若年のマヌエルは、テサロニケを拠点にテッサリアの諸勢力を再結集させたが、これがスルタンの怒りを買い、一三八七年にテサロニケは陥落した。同じマヌエルは、ギリシア人部隊の分遣隊と共に、バヤジッドが一三九〇年に小アジアにおける独立したギリシア系最後の砦フィラデルフィアを陥落させたとき、スルタンの援軍として参陣することを強制された。

バヤジッドは、一三九四年頃、ビザンツ首都の封鎖を開始し、次いで一三九六年にはニコポリスにおいて西欧の強力な十字軍を撃退した。皇帝マヌエル二世は都を脱して西欧に長期間滞在し、パリやロンドンを訪問した。彼は、一過性の流行めいた、好奇心ないしは関心を惹起させることはできたが、明確な支援の約束を得ることはできなかった。西欧人たちは老帝国の終焉を諦めて受け入れていたが、中央アジアから到来した征服者ティムールは、オスマン朝によって放逐された小アジアのトルコ系太守たちから報復するよう求められ、一四〇二年にアンカラにおいてバヤジッドの軍を粉砕した。その結果、ビザンツ人には四半世紀に及ぶ予期せぬ小休止が与えられた。というのも、バヤジッドの跡目相続を主張する者たちは、小規模の支援をも必要としており、それにはビザンツのそれも含まれていたからである。〔その結果、〕ビザンツは、テサロニケとマルマラ海沿岸部を取り戻した。

3 危機に瀕する社会

繰り返し襲うペストの大流行、トルコ人の絶え間ない襲撃は、人口に明確な打撃を加え、それは、十六世紀半ば以降の「オスマン朝の平和」によって人口の回復が可能になるまで続いた。諸都市は人口減に陥った。七年に及ぶ封鎖後の一四三〇年、テサロニケの住民はもはや一万人ほどしかなく、一四六一年当時のトレビゾンドも、もはやこの数字に達してはいなかった。コリントスやパトラス、そしてミストラですら、せいぜい数千人の住民しかおらず、アテネは一四〇〇年当時、一〇〇〇人にすら及んでいなかった。

帝国の幹部層を供給していた土地貴族層は、十四世紀半ば頃、帝国が一切の領土を失うのと時を共にして姿を消した。すでに内戦によって最も富裕な貴族層は破産させられていたが、彼らの影響力は、テサロニケにおけるいわゆる「熱心党《ゼーロータイ》」の反乱時に異を唱えられている。同市だけでなく、アドリアノープルにおいても、貴族たちの許で集められたヨハネス六世の支持者たちは、農民たちによって、また都市の商工業者たちによって放逐され、しばしば虐殺された。かくして、こうした商工業者層がテサロニケを数年間にわたり統治するに至っていたのである。ヴェロイア、ヨアニナ、クロイアといった十三―十四世紀に発展を遂げた幾つかのビザンツ都市は皇帝から特権を獲得し、皇帝は彼らが税務上の権利と事実上の一定の自治権を有することを承認している。

生き残った貴族たちは、最も裕福な商人層と一体となり、最後の支配エリート層を形成した。ラテン人、つまりイタリア人とカタルーニャ人が国際交易を支配しており、彼らはペロポネソスにおけるモドンやコロン、小アジアにおけるフォカイアといった市場は言うに及ばず、エーゲ海の重要な島々の大部分を保持していたからなおさらであった。しかしながら、ラテン側の文書が示すところによれば、交易へのギリシア人の関与は、かつて考えられていたよりもずっと大きかった。ギリシア系の船乗りは沿岸交易において非常に活発であったことが明らかになっている。彼らの一部はラテン人と提携すらしている。帝国最後の大ドゥクスであるルカスを輩出したノタラス家は、良好に防備が施され、非常に活動的な船乗りを擁するモレアの港町モネンヴァシアの出自だった。数世代にわたりノタラス家は、立派な資産を築くと、それを用心深くジェノヴァやヴェネツィアの銀行の金庫に預けていたのだが、そうしたことは彼らが唯一の事例ではなかった。ビザンツ国家最後の百年の間に同国家が財政的に窮乏したことは、大規模な私有財産が消滅したことを含意してはいなかったのである。

教会もまた、その所領の相当な部分を失った。それは、一方では、防衛のための最後の資金源を求める皇帝によって没収されたためであり、他方では、〔トルコ人による〕征服の際に失われたためでもあった。しかしながら、有力なアトス山修道院群はスルタンと交渉して、彼らの旧来の所領の一部の所有権を承認してもらい、それによって聖山の存続を保証させることに成功した。

4　アイデンティティー上の後退

十四世紀、修道制の起源以来、確認されていたひとつの精神的運動、「静寂主義《ヘシカスム》」——イエスの御名を念じることで内的な祈りを可能にし、時として神の光を認識するように導いてくれる静寂——が、アトス山の修道士グレゴリオス・シナイテスの後押しによって蘇った。彼の弟子のグレゴリオス・パラマスが実際の教義を作り上げ、それは、激しい論争を経て、正教会の「シノディコン」、すなわち典礼文書に追加された。ちなみに、同文書には、とりわけ、さまざまなカテゴリーの異端に対する破門宣告が含まれている。ところでパラマス派の人々は、ローマ教会との融和に対する最も強硬な反対派の中に数えられてもいた。

　自分たちの父祖の宗教に愛着を抱くことは、ビザンツ人には最も信じられる救済のように思われた。というのも、トルコ軍の前進によって帝国の終焉がありえることが予測されていたからである。教会の幹部層は、こうした推測においてキリスト教会が生き残ることに関して自問を重ねていた。確かに総主教アントニオスは、モスクワ大公が、キリスト教世界の普遍的な支配者としての皇帝の権威をもはや承認するのを望まなかった際に大公を叱責することはできたが、ギリシア系聖職者の一部は教会の存続を帝国のそれよりも優先させていた。そうしたことは、一四三八―一四三九年のフェラーラ・フィレンツェ公会議の際にはっきりと認められた。皇帝ヨハネス八世は、総主教やゲオルギオス・スコラリオスを含む知識人集団を伴い、自らその地に赴いた。そこで議決された教会合同は、これまでなされてきたなかでも、最も徹底した議論の結果としてなされたものであり、それには、エフェソス府主教マルコス・エウゲニコスを除くすべてのギリシア側の参加者が署名した。〔その後〕スコラリオスは立場を変え、「フィリオクエ（「子からも」）」を信仰信条《クレド》に付加するといった教義上の論点に関し、西欧人との同盟を獲得するためにビザンツ教会の立場を放棄するのと引き替えに教皇に服属することは、魂の救済に関わることであるゆえに容認しがたい譲歩であると考えるようになった。しかも、西欧人との同盟を得ることで、トルコ人への服属から身体を解放することができるかどうかですら、確かなことではなかったのである。こうしたスコラリオスの一徹さが、勝利者となったスルタンによって指名された最初の総主教になるよう彼を導いたのである。スルタンは、「正教」教会の新たな首長が彼の民を解放するためにラテン人との同盟を求めるのではないかと危惧する必要はなかった。

こうした立場は全員一致をもたらすことはなかった。最後の〔二人の〕皇帝、ヨハネス八世とコンスタンティノス十一世は教会合同を重視していた。それほど彼らは西欧からの救済に期待を寄せていたのである。教会においては、聖職者たちはペラのドミニコ修道会士の仲間入りを果たして生涯を終えていた。教会合同のもう一人の署名者、ニカイア府主教のベッサリオンは枢機卿になり、そのキャリアを教皇宮廷で終えた。その場所で彼は引き続き対トルコ人十字軍を組織するために奔走し、その素晴らしい蔵書をヴェネツィアに遺贈した。大ドゥクス、ルカス・ノタラスに帰される「ラテン人の司教冠《ミトラ》よりも、トルコ人のターバンがコンスタンティノープルを支配するのを見るほうがましだ」という言辞に基づいて、ラテン人への憎悪がトルコ人に対する恐怖を上回っていた、としばしば考えられていた。仮にかつてそうした台詞が発せられていたにせよ、ノタラスはヴェネツィアとジェノヴァの市民〔権保持者〕でもあり、そこに彼は財産の主要部分を預けていたこと、彼が息子共々、メフメト二世の命令で処刑されたこと、そして彼の生き残った娘アンナがヴェネツィアで生涯を閉じたこと、を忘れてはならない。とはいえ、一四五三年以降、多くのギリシア系貴族がスルタンへの奉仕に乗り換え、その一部は〔イスラーム教に〕改宗している。

5　コンスタンティノープルの陥落

アンカラの会戦によって与えられた猶予期間は短かった。オスマン国家はその統一性を回復させ、一四〇二年の時点で到達していた版図を取り戻した。テサロニケは防衛のためにヴェネツィア人に助けを求めたが、一四三〇年に決定的に攻め落とされた。かつての帝国に残されていたのは、モレア、貧相なトレビゾンド帝国、そしてこれ以後はオスマン帝国内の単なる飛び地となったコンスタンティノープルだけだった。ボスフォラス海峡に面した同市の立地のおかげで港湾施設としての活動は保証されており、いまだ五万から七万人の住民が養われていた。同市は、廃墟と化した大宮殿のように、維持できなくなった多くの古代からの記念建造物をすでに失っていた。一四五一年に若いスルタン、メフメト二世が権力の座に就いたことは、西欧列強を不安にさせることはなかった。というのも、彼はあまり有能ではないと見なされており、そのうえ、コンスタンティノープルの城壁は彼の父親のムラド二世を依然として寄せ付けていなかったからなおさらである。しかしながら、メフメト二世は輝かしい行動を必要としていた。コンスタンティノープルの征服によって、彼の領土統合は完全なものとなり、彼に比類ない首都が与えられることになるのである。彼は、新しい要塞ルメリ・ヒサルを建設することでボスフォラス海峡を遮断することを決意した。この城塞は、大部分を、コンスタンティノープルの郊外地域に位置したビザンツ系修道院の石材を再利用して造営された。次いで彼は、同市の攻囲準備に着手し、大砲を装備した相当な軍勢を召集した。大砲のなかでもその大きさにおいて最も異例のものはハンガリー人技師によって鋳造された。

　コンスタンティノス十一世ドラガセスは無為に時を過ごしてはいなかった。彼は西欧各地に使節を大量に派遣した。しかし、一四四四年、最後の十字軍がヴァルナにおいて敗北したことで、ハンガリー軍は弱体化し、西欧から来援可能な援軍は枯渇してしまった。イタリアの共和国、ジェノヴァとヴェネツィアには、ギリシア人を大々的に救う能力はなかったが、ジュスティニアーニ・ロンゴに率いられたジェノヴァ人義勇兵部隊、教皇に雇われた弓兵、コンスタンティノープルのヴェネツィア人、さらにカタルーニャ人入植者たちが、この老いた都市の最後の防衛戦に加わっていた。

　一四五三年四月、メフメト二世は攻囲を開始した。大胆な作戦によって彼は味方の艦船をガラタの丘を通って金角湾に進出させ、守り手に海側の城壁を防護するように強いた。城壁に裂け目が生じたにもかかわらず、攻撃は何度も失敗に終わった。しかし、一四五三年四月二十九日、イエニチェリがついに城壁を突破した。最後の皇帝は側近たちと共に人知れず戦いの中で斃れた。短時間だが恐ろしい虐殺のあとに掠奪が続いたが、メフメトはそれをすぐに中止させ、彼の将来の首都の前途を守ろうとした。スルタンは聖ソフィア聖堂に厳かに入場した。そこは、前夜、キリスト教の最後の典礼の際に、皇帝が最後の秘蹟を受けた場所だった。ミストラを一四六〇年、トレビゾンドをその翌年に奪取したスルタンは、ギリシア人最後の領土の征服を完了させた。

結論

ポール・ルメルルが彼の『ビザンツ史』を締めくくるにあたって、彼は、東方の帝国が消滅した主要な要因として西欧、第一義的には十字軍を非難した。教皇ヨハネ・パウロ二世が、東方キリスト教世界が被った災難にローマ教会が演じた役割について悔恨の念を表明したとき、彼はそれと同意見だった。西欧の責任を免除してはならないとしても、コンスタンティノープルが最終的に陥落した理由はもっと複雑だったように思われる。

第一に、我々が抱かなくてはならないのは賛美の感覚である。啓蒙主義は、ビザンツの歴史に「反乱、暴動、背信の連続」（モンテスキュー）か「野蛮と宗教の勝利」（ギボン）しか見ていなかった。しかしながら、しばしば逆境にありながら、帝国が千年以上にわたって生き延びたことは輝かしい偉業と見なさなければならないのではないだろうか。ムスリム・カリフ国家の強烈な印象を与える組織体――その国境は「ヘラクレスの柱」〔訳注：ジブラルタル海峡のこと〕から中央アジアにまで広がっていた――のような他の帝国も出現している。ところが、成立してから二〇〇年にもならないうちに、それは、豊かなエジプトや繁栄するメソポタミアを支配していたのに、解体過程に入っているのである。ビザンツを継承したオスマン帝国は、もっと長期間存続したが、おそらくその理由の一端は、先行者の行政慣行を引き継いでいたからであった。しかるに、四〇〇年を経ると同帝国は国民国家の出現に抗することができなかった。西欧では、カロリング朝は一〇〇年間も持ちこたえられなかった。唯一、ドイツの神聖ローマ帝国が、その構造は非常に異なっているものの、比較対象になる。

ビザンツは、公式の声明ではコンスタンティヌスとその後継者たちの下で確立された構造の不動性が強調されているにもかかわらず、驚異の適応能力を持つことが立証されていたのを読者は気づいたことだろう。この帝国は、それが存続している間に何度も、その税務システムや軍隊徴募の様式、権力委託の類型を改め、必要不可欠な地方自治と集権的だが保護主義的な結束との間でできるだけ良好な均衡状態を見出そうとした。

それでは、なぜビザンツは最終的に滅んだのか。軍事的な敗北は手がかりとはならない。というのも、六三六年のヤルムークの敗北を例外として、決定的なものはほとんどなかったからである。第一の要因は君主体制に求めなければならない。それは、帝国が正常に運営されることを過度に君主に依存するシステムだからである。確かに簒奪者が無能な皇帝を放逐するのは、より精力的な君主を利するものであったが、帝国の極度の衰退状況を検証すれば、皇帝権力が内戦や摂政政治によって弱められているのが常に目にされるだろう。ペルシア軍の進軍は、フォーカスとヘラクレイオスの間の敵対関係によって容易になり、一〇七一年のマンツィケルトの会戦〔敗北〕の影響は、帝国をめぐって競い合う者たちの内戦によって増幅されたのであり、第四回十字軍が逸脱したのはアンゲロス朝の内紛を口実にしていたのである。そして最後に十四世紀半ば、ヨハネス五世とヨハネス六世の支持者間の対立関係は、最終形態のビザンツ国家から一切の生存能力を奪ったのである。

とはいえ、西欧の責任を全面的に免罪してはならない。ビザンツは、キリスト教的西方に強大な敵対者を持たなかったために、災難に見舞われても、そのつど立ち直ることができた。十一—十二世紀の間にキリスト教の二つの部分が発展するなかで感知された決裂は、真の無理解に及び、ラテン人の側からは、彼らの経済力と軍事力が飛躍的に発展したために暴力性と結び付いた。パライオロゴス朝は、ラテン人に対するギリシア系住民の深甚な怨念と、トルコ人に対して抵抗するためにラテン人と和解する必要があったことの間で相反する願望を解決することができなかった。交易諸都市の特定の利害によって分別を失っていたラテン人は、ビザンツが何世紀も前にアラブ人と対峙したときと同様に、トルコ人の抵抗可能な進軍に対する防壁を形成していたのを理解するのが遅すぎたのである。

その遺産は依然として膨大である。ビザンツ文明は決定的な仕方で古代の学知を伝達することに関与していた。それは自らの諸制度とキリスト教信仰をスラヴ世界に拡散させたが、アラブ人やトルコ人もこの文明の影響を受けており、一〇〇〇年もの間、小アジアをキリスト教世界のなかに保持したのである。

訳者あとがき

本書は、Jean-Claude Cheynet, *Histoire de Byzance* (Que sais-je ?, n° 107), 6 éd., Paris, 2023 の全訳である。本書の初版が刊行されたのは二〇〇七年であり、翌年にはギリシア語訳、二〇〇八年にはアラビア語とトルコ語の訳が出ている。そうした観点から見ると、いささか遅きに失した感はあるが、二〇二三年四月に原著の改訂第六版が出たのを機に訳出に着手し、ようやくここに本書を日本の読者に届ける運びとなった。

著者のジャン゠クロード・シェネ氏は、フランスを代表する著名なビザンツ学者であるが、我が国では本書が初の訳書となるため、その略歴と主要な業績について簡単に紹介しておこう。著者は一九四七年、パリに生まれた。パリ第一パンテオン・ソルボンヌ大学においてエレーヌ・アルヴェレール（Hélène Ahrweiler）教授の下でビザンツ学を修め、一九七〇年に大学教授資格（Agrégé de l'Université）を取得、一九七七年にフランス国立科学研究センター（CNRS : Centre national de la recherche scientifique）所員となった。一九八七年、国家博士号を取得、学位論文を活字化した『ビザンツにおける権力と抗争

（九六三―一二一〇）』*Pouvoir et contestations à Byzance (963-1210)*, Byzantina Sorbonensia n° 9, Paris, 1990 はフランス学士院文芸アカデミーのシャルルおよびマルグリット・ディール賞（Prix Charles et Marguerite Diehl de l'Académie des Inscriptions et Belles-Lettres）を受賞した。一九九五年にパリ第四ソルボンヌ大学の教授に就任し、一九九六年には国際的なビザンツ学術誌 *Revue des études byzantines* の編集長を務め（二〇〇五年まで）、二〇〇〇年以降、CNRS－コレージュ・ド・フランスに附属するビザンツ歴史・文明研究センター（Centre de recherche sur l'histoire et la civilisation de Byzance）所長を兼務するなど、フランスのビザンツ学界を文字通り牽引する立場にあった。その後、二〇一五年にソルボンヌ大学教授の職を退き、現在は同大学名誉教授の地位にある。

　氏の研究はビザンツ史の全領域に及び、著作も膨大だが、そのなかでもプロソポグラフィーを駆使したビザンツ貴族研究と印章学研究が二つの軸を成したことは衆目の一致するところであろう。プロソポグラフィーというのは、平たくいえば、特定の人物に関して当人の個人情報（姓名、出自、親兄弟、先祖や子孫、婚姻関係、官職経歴、出身地域と地縁、交友関係など）を徹底的に調べ上げ、そうした関係性のなかで歴史上の人物の心理や行動を意味づけることを目指す研究手法のことである。先に紹介した『ビザンツにおける権力と抗争』は、マケドニア朝のバシレイオス二世の治世（九六三―一〇二五）から第四回十字軍によるコンスタンティノープル占領後、三つのビザンツ系亡命国家が成立するに至る一二一〇年頃までを対象に、こうしたプロソポグラフィーの手法をフルに活用して、皇帝権力をめぐる権力闘争に焦点を当てて分析を重ね、そのときどきの皇帝政権の権力構造を解明した画期的な業績であった。とくに同書の前半部分は、当該時期にビザンツ国内で発生した反乱や陰謀事件を詳細かつ網羅的にリストアップし、年代順に整理したデータブックとして有用であり、この時期の関連事象の研究に取り組む研究者必携の書となっている。プロソポグラフィーの手法を駆使した同氏のビザンツ貴族家門研究としては、ほかにジャン・フランソワ・ヴァニエ（Jean-F. Vannier）との共著で、『プロソポグラフィー研究』*Études prosopographiques*, Byzantina Sorbonensia, n° 5, Paris, 1986 がある。また、様々な媒体で公刊された氏のビザンツ貴族関係の論考一四篇は、のちに『ビザンツ貴族層とその軍事的機能』*The Byzantine Aristocracy and its Military Function* (Variorum Reprints), Aldershot, 2006 に一括して再刊されている。

同氏の研究活動のもう一方の柱を成す印章学研究は、上記プロソポグラフィーを補完し、それと密接不可分の関係にある学問分野である。ビザンツ人には、作成された文書の真正性を示すために書類に発給者の名前や肩書などを刻んだ金属製（通常は鉛、皇帝や皇族は黄金や銀の場合もある）の円形印章を紐付ける慣行があった。印章学とは、未公表の印章を集積して銘文を読み、そこから得られた情報を整理し、公刊する、という地道な作業の積み重ねに基づいた学問であるが、こうしたビザンツ印章学がシェネらの尽力によって二十世紀後半以降、急激に進展したことで、これまで文献史料から断片的にしか知られていなかった多くの歴史上の人物の経歴がより明確な形で復元されることとなり、プロソポグラフィー研究が長足の進歩を遂げる契機となったのである。とくにビザンツ人が苗字を帯びることが一般化し、爵位がインフレ気味になって大きく変動した十一世紀以降については、印章のみでかなり細かい年代画定が可能になり、そこから得られる知見は当該時代のプロソポグラフィー研究を深める過程で絶大な威力を発揮した。

シェネは、アテネ大学のニコラス・イコノミデス（Nicolas Oikonomides）やウィーン大学のヴェルナー・ザイブト（Werner Seibt）らと共に、二十世紀後半のビザンツ印章学研究の発展を先導した研究者の一人である。彼は、大量の未公開印章資料を所蔵するアメリカのダンバートン・オークス研究所を拠点にイコノミデスが主宰したビザンツ印章学の共同研究会の創設メンバーであり、同研究会の成果を逐次、公表するために公刊された共同論集『ビザンツ印章学研究』*Studies in Byzantine Sigillography* に毎回、寄稿する一方、二〇〇〇年にイコノミデスが逝去した後には同論集の編集を引き継ぎ、クラウディア・ソーデ（Claudia Sode）と共に第八巻（二〇〇三）から十二巻（二〇一六）までの五冊分の編者を務めた。また、これとは別に、各地の博物館や個人コレクターが所蔵する未公開の印章資料を調査し、公刊する作業にも積極的に取り組み、その成果は *Les sceaux de la collection H. Seyrig conservés à la bibliothèque Nationale de Paris*, (en coll. avec C. Morrisson et W. Seibt), Paris, 1991; *Sceaux byzantins de la collection D. Theodoridis. Les sceaux patronymiques* (en coll. avec D. Theodoridis) Paris, 2010; *Les sceaux byzantins du Musée archéologique d'Istanbul*, (avec la coll. de V. Bulgurlu et T. Gökyıldırım)

Istanbul, 2012; *Sceaux de la collection George Zacos au Musée d'art et d'histoire de Genève*, (en coll. avec M. Campagnolo-Pothitou). Genève, 2016; *Les sceaux byzantins de la collection Yavuz Tatış*, Izmir, 2019 といった一連の印章資料集公刊という形で結実した。さらに、こうした調査活動に基づく個別研究の一部は、二〇〇八年に公刊された二巻本の個人論集『ビザンツ社会——印章の貢献』*La société byzantine. L'apport des sceaux*, Paris, 2008 に再録されている。こうした一連の氏の功績を称えて、二〇一七年に公刊されたビザンツ学国際学術誌 *Travaux et Mémoires* の二一巻一号は彼の記念論集となっている。同誌に掲載された業績リストによれば、二〇一七年までに公刊された氏の著書、編著、論文などはあわせて一九八点にのぼる。

以上、思いのほか著者の紹介に紙幅を費やしてしまった。訳者が新任の大学教員の頃、氏の新たな論考が発表されるたびに無心に読み込んだ頃の興奮が蘇り、いささか熱が入ってしまったようだ。以下では、今回、訳出した『ビザンツ帝国の歴史』に話題を転じ、その注目すべきポイントを指摘しておくことにしたい。

まず目を引くのは、本書の構成である。本書は序文に続いて時代順に四つの章で構成されている。ビザンツ史のスタート地点については、本書でも語られているようにコンスタンティヌス大帝の治世に比定されることが多い。一方、終結点については一四五三年の帝国滅亡に置くことに異論はあるまい。この期間を対象とするビザンツの歴史は、初期・中期・後期の三つに区分されるのが一般的である。ただし、それぞれの期間をどこで区切るかについては、識者の見解は一様ではなく、何らかの統一見解があるわけではない。そうしたなかで長く影響力を保ってきたのは、二十世紀ビザンツ学の泰斗ゲオルグ・オストロゴルスキーが提唱した三時代区分論であろう。そこでは、ビザンツ中期の始まりが七世紀のヘラクレイオス帝の治世に措定され、マケドニア朝の全盛期を築いたバシレイオス二世の没年一〇二五年をもって終焉を迎えると考えられていた。七世紀から十一世紀前半までのビザンツ中期国家を理想視するオストロゴルスキーにとっては、それ以後の後期国家の歴史は、帝国の繁栄を支えた中期国家のさまざまなシステムが解体し、崩壊してゆく衰亡のプロセスに他ならなかった。他方、中期と後期を分ける画期としては、十一世紀よりも一二〇四年の第四回十字軍による帝都占領と帝国の一時的滅亡の方を重視する見方も根強く、ドイツで発行されている国際的学術誌 *Byzantinische Zeitschrift* が関係出版物の書誌情報を提供する際にはこちらの基準が採用されている。この場合、十一―十二世紀の位置づけは、オストロゴルスキーの評価とは自ずと異なるものになるだろう。

ここで改めて本書の構成を参照してみると、それが上述したような既存の時代区分の枠組みを単純に踏襲したものではないことが分かる。なによりも、それは、三つではなく、四つの章に分けられているのだが、本来、「初期ビザンツ」に区分されるべき部分が最初の二つの章に分割されていると見れば、三時代区分の一変形と見なすこともできなくはない。「初期ビザンツ」が二分割されているのは、前半部分（第一章）の記述が、具体的な歴史的事象にほとんど触れず、本書の出発点となるキリスト教帝国の成立と国家機構の概容説明に重点が置かれているためであろう。第一章は、二章以下の議論をスムーズに理解するのに必要な基礎情報を提供する場となっているのである。その結果、五二七年（ユスティニアヌス一世即位の年）から始まる第二章は、通常は「初期ビザンツ」の掉尾を飾るユスティニアヌスの再征服事業と、オストロゴルスキーによれば「中期ビザンツ」の開幕を告げるヘラクレイオスの治世（六一〇—六四一）が同居することになり、その範囲はイサウリア朝が登場する七一八年にまで及んでいる。おそらくここには、ヘラクレイオスの東方領土回復事業とそれに続くイスラーム勢力台頭の衝撃を重視する通説を退け、ユスティニアヌスの治世から八世紀前半までの帝国の歴史を、古代末期の帝国の統治システムが解体し、版図が縮小していく長い苦闘の時代として通覧しようとする著者の意向が反映されているのだろう。地中海経済はアラブ人の出現以前から縮小傾向は始まっていたことを指摘し、彼らの台頭が地中海国際交易に致命傷を与えたというアンリ・ピレンヌの有名な学説を明確に否定していること（本書四四頁）もこうした問題意識に沿うものと考えられる。他方、著者は第二章の末尾において、ビザンツがテマ制を整備し、アラブ軍との長く激しい戦いを耐え抜く力を有していたことも強調している。第二章が対象としたおよそ二世紀の間に、ビザンツ帝国は、次の時代に大きく発展するための地力を蓄えていたのである。

　この点において、第二章と第三章の間を著者が七一八年で区切っているのは見逃せない。もしもイサウリア朝（同朝初代レオン三世が実際はシリアのゲルマニケイア出身だったため、近年はシリア朝と呼ばれることも増えた）の成立で章を区切るつもりであれば、レオン三世が帝位に昇った七一七年が区切りの年となるはずである。そうではなく、七一八年で二つの章を分けているのは、前年の夏に始まったウマイヤ朝の軍勢によるコンスタンティノープル攻囲が七一八年八月に失敗に終わっていることが時代を分かつ分水嶺となった、と認識されているからに他なるまい。それまで防戦一方であった対ムスリム戦は、徐々にビザンツ側が反撃に転じ、十世紀、マケドニア朝時代の大攻勢に至るのである。

　これに続く第三章と第四章の間の区切りは、ビザンツ「中期」と「後期」を分かつものと考えられる。それが十一世紀半ばに設定されたことは、一見、十一世紀転換期説を唱えるG・オストロゴルスキーの立場に寄り添っているかのようである。ただし、細かく見れば、オストロゴルスキーが、バシレイオス二世が死去した一〇二五年を時代が転換する大きなポイントと見なしているのに対し、シエネが提示しているのは一〇五七年であり、三〇年以上のズレがあることが見て取れる。一〇五七年は、イサキオス一世（コムネノス朝初代アレクシオス一世の伯父）が反乱の末に即位した年、別の言い方をすれば、前任者のミカエル六世が退位を強いられた年である。ミカエル六世は、マケドニア朝の最後の生き残りである女帝テオドラから後継者に指名された人物だったから、彼の退位と共にマケドニア朝の残滓が最終的に消滅した、と言うこともできるだろう。翻ってイサキオス一世の即位は、彼の甥アレクシオス一世によるコムネノス朝支配体制の樹立に向けた胎動が始まる時代と位置づけることができそうである。

　一〇五七年から始まる第四章は、帝国滅亡までの四世紀間が対象になるが、著者はそれを長期にわたる苦悶の時代として括ることを否定し、コムネノス朝時代が輝かしい時代であったことを確認している。この期間がひとつにまとめられたのは、帝国がこの時期にトルコ人とラテン人によって東西から挟撃される状況にあったことによる（一〇三頁）。こうした強いられた二正面作戦にビザンツはしばらく持ちこたえたが（第一節「維持された均衡」）、十二世紀後半に西欧との関係が悪化し、第四回十字軍に帝都が占領されるに及んで、以後、情勢は悪化の一途を辿ってゆく。この点で、一一八〇年から一三四一年を対象とする第四章第二節が「ヨーロッパへの後退」と題されているのは、ラテン帝国成立に伴うビザンツ系亡命国家の分立時代よりも、一二六一年にパライオロゴス朝の下で再興されたビザンツ帝国が支配の基盤をバルカン地域に移し、小アジア領土喪失を放置していたことを運命の分岐点として著者が重く受け止めていたことを示すものであろう。この時期は、ビザンツ帝国が自立した国家の体裁を留めていた最後の期間でもあった。

　第四章第三節が始まる一三四一年は、パライオロゴス朝第三代皇帝アンドロニコス三世の没年である。これを機に先帝の遺児ヨハネス五世を擁する摂政政府と、先帝の盟友であり、ヨハネス五世の義父でもあるヨハネス六世カンタクゼノスとの間に内戦が勃発し、カンタクゼノスがオスマン朝の来援を求めたことが後者のバルカン進出の呼び水になったことはよく知られている。本節はビザンツがオスマン帝国に従属し、やがて滅亡の日を迎えるまでが対象となる。ただし、本節においても暗鬱な話題一辺倒とはならず、所領を失ったビザンツ貴族層が富裕な商人層と一体化し、地中海交易において活躍する姿も活写されている。かつては帝国衰退の元凶と目されて悪玉扱いされていた貴族層について、著者は自身の研究に基づいて総じて肯定的な評価を下している。また、外人傭兵についても、偏狭なナショナリズム的史観を離れて、公正な評価が下されていることにも注目しておきたい。原著で一二〇頁に満たない簡潔な著作ではあるが、このように随所に著者の持ち味が発揮されており、そうした点についても興趣は尽きない。本訳書をきっかけにビザンツ史に興味を感じたのなら、巻末に付した文献リストを手がかりに、さらにビザンツ史の深い世界へと分け入っていただければ幸いである。

最後になったが、本訳書を公刊できたのはひとえに白水社編集部の小川弓枝さんの御尽力のおかげである。訳者の個人的な事情で翻訳作業が遅れてしまったことをお詫びすると共にここに記して感謝の意を表したい。

二〇二三年十二月

根津　由喜夫

術』（岩波世界の美術）、岩波書店、2000年
スティーブン・ランシマン（護雅夫訳）『コンスタンティノープル陥落す』、みすず書房、1998年
スティーブン・ランシマン（榊原勝・藤澤房俊訳）『シチリアの晩禱——13世紀後半の地中海世界の歴史』、太陽出版、2002年
ポール・ルメルル（西村六郎訳）『ビザンツ帝国史』（文庫クセジュ）、白水社、2003年

渡辺金一『コンスタンティノープル千年 —— 革命劇場』(岩波新書)、岩波書店、1985年
エレーヌ・アルヴェレール（尚樹啓太郎訳）『ビザンツ帝国の政治的イデオロギー』、東海大学出版会、1989年
ゲオルグ・オストロゴルスキー（和田廣訳）『ビザンツ帝国史』、恒文社、2001年
ミシェル・カプラン（田辺希久子・松田廸子訳）『黄金のビザンティン帝国 —— 文明の十字路の1100年』(「知の再発見」双書)、創元社、1993年
ジリアン・クラーク（足立広明訳）『古代末期のローマ帝国 —— 多文化の織りなす世界』、白水社、2015年
フランツ・ティンネフェルト（弓削達訳）『初期ビザンツ社会 —— 構造・矛盾・緊張』、岩波書店、1984年
ジョナサン・ハリス（井上浩一訳）『ビザンツ帝国の最期』、白水社、2013年
ジョナサン・ハリス（井上浩一訳）『ビザンツ帝国 生存戦略の一千年』、白水社、2018年
ジョナサン・フィリップス（野中邦子・中島由華訳）『第四の十字軍 —— コンスタンティノポリス略奪の真実』、中央公論新社、2007年
ハンス-ゲオルク・ベック（戸田聡訳）『ビザンツ世界論 —— ビザンツの千年』、知泉書館、2014年
ロバート・ブラウニング（金原保夫訳）『ビザンツ帝国とブルガリア』、東海大学出版会、1995年
ピーター・ブラウン（足立広明訳）『古代末期の形成』、慶應義塾大学出版会、2006年
ジョン・フリーリ（鈴木董監修・長縄忠訳）『イスタンブール —— 三つの顔をもつ帝都』、NTT出版、2005年
ジュディス・ヘリン（井上浩一監訳）『ビザンツ 驚くべき中世帝国』、白水社、2010年；新装版2021年
ジュディス・ヘリン（井上浩一訳）『ラヴェンナ —— ヨーロッパを生んだ帝都の歴史』、白水社、2022年
シリル・マンゴー（飯田喜四郎訳）『ビザンティン建築』(図説世界建築史5)、本の友社、1999年
ジョン・メイエンドルフ（鈴木浩訳）『ビザンティン神学 —— 歴史的傾向と教理的主題』、新教出版社、2009年
ジョン・ラウデン（益田朋幸訳）『初期キリスト教美術・ビザンティン美

高橋榮一・辻成史『聖山アトス』（世界の聖域13）、講談社、1981年
瀧口美香『初期キリスト教・ビザンティン図像学研究』、創元社、2018年
瀧口美香『キリスト教美術史――東方正教会とカトリックの二大潮流』（中公新書）中央公論新社、2022年
辻佐保子『ビザンティン美術の表象世界』、岩波書店、1993年
中谷功治『テマ反乱とビザンツ帝国――コンスタンティノープル政府と地方軍団』、大阪大学出版会、2016年
中谷功治『ビザンツ帝国――千年の興亡と皇帝たち』（中公新書）、中央公論新社、2020年
南雲泰輔『ローマ帝国の東西分裂』、岩波書店、2016年
根津由喜夫『ビザンツ 幻影の世界帝国』（講談社選書メチエ）、講談社、1999年
根津由喜夫『ビザンツの国家と社会』（世界史リブレット）、山川出版社、2008年
根津由喜夫『夢想のなかのビザンティウム――中世西欧の「他者」認識』、昭和堂、2009年
根津由喜夫『図説 ビザンツ帝国――刻印された千年の記憶』、河出書房新社、2011年
根津由喜夫『ビザンツ貴族と皇帝政権――コムネノス朝支配体制の成立過程』、世界思想社、2012年
根津由喜夫『聖デメトリオスは我らとともにあり――中世バルカンにおける「聖性」をめぐる戦い』、山川出版社、2020年
橋口倫介『中世のコンスタンティノープル』（講談社学術文庫）、講談社、1995年
益田朋幸『地中海紀行 ビザンティンでいこう！』、東京書籍、1996年
益田朋幸『ビザンティン』（世界歴史の旅）、山川出版社、2004年
益田朋幸『ビザンティンの聖堂美術』、中央公論新社、2011年
益田朋幸『ビザンティン聖堂装飾プログラム論』、中央公論美術出版、2014年
益田朋幸編『聖堂の小宇宙』（ヨーロッパ中世美術論集、4）、竹林舎、2016年
和田廣『ビザンツ帝国――東ローマ1千年の歴史』（教育社歴史新書）教育社、1986年
和田廣『史料が語るビザンツ世界』、山川出版社、2006年
渡辺金一『中世ローマ帝国――世界史を見直す』（岩波新書）、岩波書店、1980年

邦語参考文献（訳者作成）

赤松章・益田朋幸『ビザンティン美術への旅』、平凡社、1995年

浅野和生『イスタンブールの大聖堂——モザイク画が語るビザンティン帝国』（中公新書）、中央公論新社、2003年

浅野和生『サンタクロースの島——地中海岸ビザンティン遺跡発掘記』、東信堂、2006年

浅野和生『ヨーロッパの中世美術——大聖堂から写本まで』（中公新書）、中央公論新社、2009年

井上浩一『ビザンツ帝国』（世界歴史叢書）、岩波書店、1982年

井上浩一『生き残った帝国ビザンティン』（講談社学術文庫）、講談社、2008年

井上浩一『ビザンツ皇妃列伝——憧れの都に咲いた花』（白水Uブックス）、白水社、2009年

井上浩一『ビザンツ　文明の継承と変容』、京都大学学術出版会（学術選書）、2009年

井上浩一『歴史学の慰め——アンナ・コムネナの生涯と作品』、白水社、2020年

井上浩一・栗生沢猛夫『ビザンツとスラヴ』（世界の歴史11）、（中公文庫）、中央公論新社、2009年

井上浩一・根津由喜夫編『ビザンツ：交流と共生の千年帝国』、昭和堂、2013年

大月康弘『帝国と慈善——ビザンツ』、創文社、2005年

大月康弘『ユスティニアヌス大帝——世界に君臨するキリスト教ローマ皇帝』（世界史リブレット人、9）、山川出版社、2023年

加藤磨珠枝・益田朋幸『西洋美術の歴史2　中世Ｉ—キリスト教美術の誕生とビザンティン世界』、中央公論新社、2016年

越宏一『ラヴェンナのモザイク芸術』、中央公論美術出版、2016年

小林功『生まれくる文明と対峙すること——7世紀地中海世界の新たな歴史像』（Minerva西洋史ライブラリー）、ミネルヴァ書房、2020年

小林功・馬場多聞編『地中海世界の中世史』、ミネルヴァ書房、2021年

尚樹啓太郎『ビザンツ帝国史』、東海大学出版会、1999年

高橋栄一編『ビザンティン美術』（世界美術大全集　西洋編6）、小学館、1997年

Grélois, Paris, Peeters, 2014.

Skylitzès J., *Empereurs de Constantinople* (IXe-XIe siècle), trad. B. Flusin et notes J.-Cl. Cheynet, Paris, Lethielleux, 2003.

Psellos M., *Chronographie* (XIe siècle), éd. É. Renauld, Paris, Les Belles Lettres, 1967.

Attaleiates M., *The History* (XIe siècle), trad. A. Kaldellis et D. Krallis, Cambridge, Harvard University Press, 2012.

Comnène A., *Alexiade* (XIe-XIIe siècles), éd. B. Leib, Paris, Les Belles Lettres, 1967.〔アンナ＝コムニニ（相野洋三訳）『アレクシアス』、悠書館、2019年（原著2019年版からの邦訳）〕

Choniates N., *O City of Byzantium. Annals of Niketas Choniates* (XIIe-XIIIe siècles), trad. anglaise H.J. Magoulias, Détroit, Wayne State University Press, 1984.

Akropolites G., *The History* (XIIIe siècle), trad. R. Macrides, Oxford, Oxford University Press, 2007.

Pachymérès G., *Relations historiques* (XIIIe-XIVe siècles), éd. et trad. A. Failler, Paris, Les Belles Lettres et Institut français d'études byzantines, 1984-2000.

Holy Men of Mount Athos (IX-XVe siècle), éd. et trad. R. Greenfield et A.-M. Talbot, Cambridge, Harvard University Press, 2016.

Doukas, *Decline and Fall of Byzantium to the Ottoman Turks : An Annotated Translation of « Historia Turco-Byzantina »* (XVe siècle), trad. anglaise H.J. Magoulias, Détroit, Wayne State University Press, 1975.

Constantinople 1453. Des Byzantins aux Ottomans, dir. V. Déroche et N. Vatin, Toulouse, Anacharsis, 2016.

2013.

一次史料の近代語訳（年代順）

Eusèbe de Césarée, *Vie de Constantin* (IVe siècle), éd. F. Winkelmann, trad et notes L. Pietri et M.-J. Rondeau, Paris, Cerf, 2013.〔エウセビオス（秦剛平訳）『コンスタンティヌスの生涯』、京都大学学術出版会、2004年〕

Eusèbe de Césarée, *La Théologie politique de l'Empire chrétien. Louanges de Constantin* [*Triakontaétérikos*] (IVe siècle), éd. et trad. P. Maraval, Paris, Cerf, 2001.

Procope de Césarée, *Histoire secrète* (VIe siècle), trad. et com. P. Maraval, Paris, Les Belles Lettres, 1990.〔プロコピオス（和田廣訳）『秘史』、京都大学学術出版会、2015年〕

Saint Anastase le Perse et l'histoire de la Palestine au début du VIIe siècle, éd. et trad. B. Flusin, Paris, CNRS, 1992.

Chronicon Paschale 284-628 AD (IVe-VIIe siècle), éd. et trad. M. Whitby et M. Whitby, Liverpool, Liverpool University Press, 1989.

The Chronicle of Theophanes Confessor (IVe-IXe siècle), éd. et trad. C. Mango et R. Scott, en collaboration avec G. Greatrex, Oxford, Clarendon Press, 1997.

Chronographiae quae Theophanis Contiuati nomine fertur liber quo vita Basilii imperatoris amplectitur (IXe siècle), éd. I. Ševčenko, Berlin et Boston, De Gruyter, 2011.

Constantin VII Porphyrogénète, *Le Livre des cérémonies* (Xe siècle), dir. G. Dagron et B. Flusin (CFHB 52/1-5, *Series parisiensis*), Paris, AchcByz, 2020.

Constantine VII Porphyrogenitus, *De administrando imperio* (Xe siècle), texte grec, éd. G. Moravcsik, trad. R.J.H. Jenkins (CFBH 1), Washington DC, Dumbarton Oaks Center for Byzantine Studies, 1967.

Liutprand de Crémone, *Œuvres* (Xe siècle), éd. et trad. F. Bougard, Paris, CNRS, 2015.〔リウトプランド（大月康弘訳）『コンスタンティノープル使節記』（知泉学術叢書）、知泉書館、2019年；（三佐川亮宏訳）『クレモナのリウトプランド『報復の書』／ヴァイセンブルクのアーダルベルト『レーギノ年代記続編』』、知泉書館、2023年〕

Léon le Diacre, *Empereurs du Xe siècle*, trad. R. Bondoux et J.-P.

Cambridge, Cambridge University Press, 1993.

—, (éd.), *Byzantium in the Year 1000*, Leyde et Boston, Brill, 2003.

—, *Studies on the History and Topography of Byzantine Constantinople*, Aldershot,Variorum Ashgate, 2007.

Mango C., *Byzantium. The Empire of New Rome*, Londres, Weidenfeld & Nicolson, 1980.

—, *Le Développement urbain de Constantinople (IVe-VIIe siècle)*, Paris, De Boccard, 1990.

Maraval P., *Le Christianisme de Constantin à la conquête arabe*, Paris, Puf, 2005.

—, *Théodose le Grand*, Paris, Fayard, 2009.

—, *Justinien. Le rêve d'un empire chrétien universel*, Paris, Tallandier, 2016.

Morrisson C. (dir.), *Le Monde byzantin*, t. I : *L'Empire romain d'Orient (330-641)*, Paris, Puf, 2004.

Morrisson C. (éd.), *Trade and Markets in Byzantium*, Washington DC, Dumbarton Oaks, 2012.

Morrisson C., Laiou A., *The Byzantine Economy*, Cambridge, Cambridge University Press, « Cambridge Medieval Textbooks », 2007.

Morrisson C., Laiou A. (dir.), *Le Monde byzantin*, t. III : *Byzance et ses voisins (1204-1453)*, Paris, Puf, 2011.

Nicol D.M., *Les Derniers Siècles de Byzance (1261-1453)*, Paris, Les Belles Lettres, 2005.

Oikonomidès N., *Les Listes de préséance byzantines des IXe et Xe siècles*, introduction, texte, trad. et commentaires, Paris, CNRS, 1972.

Patlagean E., *Un Moyen Âge grec (Byzance, IXe-XVe siècle)*, Paris, Albin Michel, 2007.

Shepard J., *The Cambridge History of the Byzantine Empire (c. 500-1492)*, Cambridge, Cambridge University Press, 2008.

Tate G., Justinien. *L'épopée de l'Empire d'Orient (527-565)*, Paris, Fayard, 2004.

Treadgold W., *A History of the Byzantine State and Society*, Stanford, Stanford University Press, 1997.

Zuckerman, C. (éd.), *Constructing the Seventh Century*, Paris, Achcbyz,

Dagron G., *Empereur et prêtre. Étude sur le « césaropapisme » byzantin*, Paris, Gallimard, 1996.

Dagron G., Déroche V., *Juifs et chrétiens en Orient byzantin*, Paris, Achcbyz, 2010.

Ducellier A. *et alii, Byzance et le monde orthodoxe*, Paris, Armand Colin, 1996.

Flusin B., *La Civilisation byzantine*, Paris, Puf, « Que sais-je ? », 2023. 〔ベルナール・フリューザン（大月康弘訳）『ビザンツ文明——キリスト教ローマ帝国の伝統と変容』、白水社文庫クセジュ、2009年（原著2006年版からの邦訳）〕

Guillou A., *La Civilisation byzantine*, Paris, Arthaud, 1990.

Haldon J., *Warfare, State and Society in the Byzantine World (565-1204)*, Londres, University College London Press, 1999.

—, *The Empire That Would Not Die : The Paradox of Eastern Roman Empire Survival, 640-740*, Cambridge, Harvard University Press, 2016.

Howard-Johnston J., *The Last Great War of Antiquity*, New York, Oxford University Press, 2021.

Janin R., *Constantinople byzantine*, Paris, Institut français d'études byzantines, 1964.

Jones A.H.M., *The Later Roman Empire (284-602) : A Social, Economic and Administrative Survey*, Baltimore, The Johns Hopkins University Press, 1992.

Kaplan M., *Byzance*, Paris, Les Belles Lettres, « Guides des civilisations », 2007.

—, *Pourquoi Byzance ? Un empire de onze siècles*, Paris, Gallimard, « Folio histoire », 2016.

Kazhdan A.P., Ronchey S., *L'Aristocrazia bizantina dal principio dell'XI alla fine del XII secolo*, Palerme, Sellerio, 1997.

Laiou A. (dir.), *The Economic History of Byzantium from the Seventh through the Fifteenth Century*, Washington DC, Dumbarton Oaks Research Library and Collection, 2002.

Lemerle P., *Cinq Études sur le XIe siècle byzantin*, Paris, CNRS, 1977.

Lilie R.J., *Byzantium and the Crusader States (1096-1204)*, Oxford, Clarendon Press, 1993.

Magdalino P., *The Empire of Manuel I Komnenos (1143-1180)*,

参考文献

歴史地図帳

Haldon J., *The Palgrave Atlas of Byzantine History*, Basingstoke, Palgrave Macmillan, 2005.

研究文献

The Oxford Handbook of Byzantine Studies, éd. El. Jeffreys, J. Haldon et R. Cormack, Oxford et New York, Oxford University Press, 2008.

The Oxford Dictionary of Byzantium, Oxford, Oxford University Press, 1991. [Les entrées comportent une bibliographie.]

Histoire du christianisme, dir. J.-M. Mayeur, Ch. Piétri, A. Vauchez, M. Venard, t. III, IV, V, VI, VII, VIII ; contributions pour Byzance et le Caucase de P. Maraval, B. Flusin, N. Garsoïan, B. Martin, G. Dagron, J.-P. Mahé, É. Patlagean, M.-H. Congourdeau et A. Ducellier, Paris, Desclée De Brouwer, 1990-2000.

Ahrweiler H., *Études sur les structures administratives et sociales de Byzance*, Londres, Variorum Reprints, 1971.

Angold M., *The Byzantine Empire (1025-1204)*, Londres et New York, Longman, 1997.

Auzépy M.-F., *L'Iconoclasme*, Paris, Puf, « Que sais-je ? », 2006 (épuisé).

Beaucamp J., *Le Statut de la femme à Byzance (IVe-VIIe siècle)*, t. I : Le Droit impérial ; t. II : Les Pratiques sociales, Paris, De Boccard, 1990-1992.

Caseau-Chevallier B., *Byzance. Économie et société (du milieu du VIIIe siècle à 1204)*, Paris, SEDES, 2007.

Cheynet J.-C. (dir.), *Le Monde byzantin*, t. II : *L'Empire byzantin (641-1204)*, Paris, Puf, 2006.

Cheynet J.-C., *La Société byzantine. L'apport des sceaux*, Paris, Achcbyz, 2008.

Cigaar K.N., *Western Travelers to Constantinople : The West and Byzantium (962-1204). Cultural and Political Relations*, Leyde, New York et Cologne, Brill, 1996.

1078-1081	ニケフォロス3世ボタネイアテス
1081-1118	アレクシオス1世コムネノス
1118-1143	ヨハネス2世コムネノス
1143-1180	マヌエル1世コムネノス
1180-1183	アレクシオス2世コムネノス
1183-1185	アンドロニコス1世コムネノス
1185-1195	イサキオス2世アンゲロス
1195-1203	アレクシオス3世アンゲロス
1203-1204	イサキオス2世アンゲロス（再）
1203-1204	アレクシオス4世アンゲロス（共同皇帝）
1204	アレクシオス5世「ムルツプロス」
1208-1221	テオドロス1世ラスカリス（ニカイアにおいて）
1221-1254	ヨハネス3世ドゥーカス・ヴァタツェス
1224-1230	テオドロス・ドゥーカス（テッサロニキにおいて）
1254-1258	テオドロス2世ラスカリス
1258-1261	ヨハネス4世ラスカリス
1259-1282	ミカエル8世パライオロゴス
1282-1328	アンドロニコス2世パライオロゴス
1328-1341	アンドロニコス3世パライオロゴス
1341-1376	ヨハネス5世パライオロゴス
1347-1354	ヨハネス6世カンタクゼノス（共同皇帝）
1376-1379	アンドロニコス4世パライオロゴス
1379-1391	ヨハネス5世パライオロゴス（再）
1390	ヨハネス7世パライオロゴス
1391-1425	マヌエル2世パライオロゴス
1425-1448	ヨハネス8世パライオロゴス
1449-1453	コンスタンティノス11世パライオロゴス

717-741	レオン3世「イサウロス」(イサウリア人)
741-775	コンスタンティノス5世「コプロニモス」(糞ったれ)
775-780	レオン4世「ハザロス」(ハザール人)
780-797	コンスタンティノス6世
797-802	エイレーネー〔女帝〕
802-811	ニケフォロス1世
811	スタウラキオス
811-813	ミカエル1世ランガベ
813-820	レオン5世「アルメニオス」(アルメニア人)
820-829	ミカエル2世「エク・アモリウー」(アモリオン出身の) ないし「トラウロス」(吃音者)
829-842	テオフィロス
842-867	ミカエル3世
867-886	バシレイオス1世「マケドーン」(マケドニア人)
886-912	レオン6世「ソフォス」(賢帝)
912-913	アレクサンドロス
913-959	コンスタンティノス7世「ポルフュロゲネトス」(緋産室生まれ)
920-944	ロマノス1世レカペノス (共同皇帝)
959-963	ロマノス2世「ポルフュロゲネトス」(緋産室生まれ)
963-1025	バシレイオス2世
963-969	ニケフォロス2世フォーカス (共同皇帝)
969-976	ヨハネス1世ツィミスケス (共同皇帝)
1025-1028	コンスタンティノス8世「ポルフュロゲネトス」(緋産室生まれ)
1028-1034	ロマノス3世アルギュロス
1034-1041	ミカエル4世「パフラゴーン」(パフラゴニア人)
1041-1042	ミカエル5世「カラファテス」(槙肌《まいはだ》工)
1042	ゾエ (共同皇帝)〔女帝〕
1042-1055	コンスタンティノス9世モノマコス
1055-1056	テオドラ (共同皇帝)
1056-1057	ミカエル6世ブリンガス
1057-1059	イサキオス1世コムネノス
1059-1067	コンスタンティノス10世ドゥーカス
1067-1078	ミカエル7世ドゥーカス
1068-1071	ロマノス4世ディオゲネス (共同皇帝)

ビザンツ帝国皇帝一覧

在位期間	皇帝
324-337	コンスタンティヌス1世
337-361	コンスタンティウス2世
361-363	ユリアヌス
363-364	ヨウィアヌス
364-378	ヴァレンス
379-395	テオドシウス1世
395-408	アルカディウス
408-450	テオドシウス2世
450-457	マルキアヌス
457-474	レオン1世
474	レオン2世
474-491	ゼノン
491-518	アナスタシウス1世
518-527	ユスティヌス1世
527-565	ユスティニアヌス1世
565-578	ユスティヌス2世
578-582	ティベリウス2世
582-602	マウリキウス
602-610	フォーカス
610-641	ヘラクレイオス
641	コンスタンティノス3世ヘラクレイオス
641	ヘラクロナス（ヘラクレイオス2世）
641-668	コンスタンス2世（コンスタンティノス）
668-685	コンスタンティノス4世
685-695	ユスティニアノス2世
695-698	レオンティオス
698-705	ティベリオス3世（旧名アプシマロス）
705-711	ユスティニアノス2世（再）
711-713	フィリピコス・バルダネス
713-715	アナスタシオス2世（旧名アルテミオス）
715-717	テオドシオス3世

著者略歴

ジャン=クロード・シェネ（Jean-Claude Cheynet）

1947年生まれ。パリ第4ソルボンヌ大学名誉教授。国際的なビザンツ学術誌*Revue des études byzantines*編集長、CNRS附属ビザンツ歴史・文明研究センター所長を歴任するなどフランスを代表するビザンツ史家。とくにビザンツ中期の貴族・軍隊研究および印章学研究に関して多くの著作がある。

主 要 著 書：*Pouvoir et contestations à Byzance (963-1210)*, Paris, 1990 ; *The Byzantine Aristocracy and its Military Function*, Aldershot, 2006 ; *La société byzantine. L'apport des sceaux*, 2 vols, Paris, 2008 ; *Les sceaux byzantins du Musée archéologique d'Istanbul*, avec la coll. de V. Bulgurlu et T. Gökyıldırım, Istanbul, 2012.

訳者略歴

根津　由喜夫（ねづ　ゆきお）

1961年生まれ。金沢大学法文学部史学科卒業。

京都大学大学院文学研究科博士課程単位取得満期退学。博士（文学）。

現在、金沢大学人間社会研究域人文学系教授。

専門はビザンツ帝国史。とくに中後期の政治体制、政治文化、社会史

主要著書：『ビザンツ　幻影の世界帝国』講談社、1999年；『夢想のなかのビザンティウム――中世西欧の「他者」認識』昭和堂、2009年；『図説　ビザンツ帝国――刻印された千年の記憶』河出書房新社、2011年；『ビザンツ貴族と皇帝政権――コムネノス朝支配体制の成立過程』世界思想社、2012年；『聖デメトリオスは我らとともにあり――中世バルカンにおける「聖性」をめぐる戦い』山川出版社、2020年

文庫クセジュ　Q 1063

ビザンツ帝国の歴史　政治・社会・経済

2024年1月15日　印刷
2024年2月 5 日　発行

著　者　　ジャン=クロード・シェネ
訳　者 ©　根津由喜夫
発行者　　岩堀雅己
印刷・製本　株式会社平河工業社
発行所　　株式会社白水社
東京都千代田区神田小川町 3 の 24
電話　営業部　03（3291）7811 / 編集部　03（3291）7821
振替　00190-5-33228
郵便番号　101-0052
www.hakusuisha.co.jp

乱丁・落丁本は、送料小社負担にてお取り替えいたします。

ISBN978-4-560-51063-6

Printed in Japan

文庫クセジュ

歴史・地理・民族（俗）学

842 コモロ諸島
856 インディヘニスモ
857 アルジェリア近現代史
858 ガンジーの実像
859 アレクサンドロス大王
865 ヴァイマル共和国
872 アウグストゥスの世紀
876 悪魔の文化史
879 ジョージ王朝時代のイギリス
882 聖王ルイの世紀
883 皇帝ユスティニアヌス
889 バビロン
890 チェチェン
896 カタルーニャの歴史と文化
898 フランス領ポリネシア
902 ローマの起源
903 石油の歴史
904 カザフスタン
906 フランスの温泉リゾート

913 フランス中世史年表
915 クレオパトラ
922 朝鮮史
925 フランス・レジスタンス史
928 ヘレニズム文明
935 カルタゴの歴史
938 チベット
942 アクシオン・フランセーズ
943 大聖堂
945 ハドリアヌス帝
948 ディオクレティアヌスと四帝統治
951 ナポレオン三世
959 ガリレオ
962 100の地点でわかる地政学
964 100語でわかる中国
967 コンスタンティヌス
974 ローマ帝国
979 イタリアの統一
981 古代末期
982 ショアーの歴史

986 ローマ共和政
988 100語でわかる西欧中世
993 ペリクレスの世紀
995 第五共和制
1001 第一次世界大戦
1004 クレタ島
1005 古代ローマの女性たち
1007 文明の交差路としての地中海世界
1010 近東の地政学
1014 『百科全書』
1028 ヨーロッパとゲルマン部族国家
1032 コラボ＝対独協力者の粛清
1035 新聞・雑誌の歴史
1037 ローマ帝国の衰退
1041 ジュネーヴ史
1047 ベルベル人
1050 ショアの100語
1053 北欧神話100の伝説
1054 ペスト
1060 フランスの宗教戦争